Brigitte und Monika Gass

Ton

aufbauen · glasieren · brennen

Rudolf Müller

Alle Abbildungen in diesem Buch dürfen nur mit Genehmigung des Verlages gewerblich genutzt oder verwertet werden.

CIP-Kurztitelaufnahme der Deutschen Bibliothek

Gass, Brigitte und Monika
Ton – aufbauen · glasieren · brennen
Brigitte und Monika Gass - Orig.-Ausg.
Köln: Müller, 1986

ISBN 3-481-24521-1

ISBN 3-481-24521-1

Originalausgabe

Umschlaggestaltung: Günter Heike, Hildesheim
Fotos: Monika Gass, Mannheim
Lektorat: Wilhelm Kirchgässner
Satz: Satzstudio Widdig, Köln
Druck: A. Hellendoorn, Bad Bentheim
Printed in Germany

90 89 88 87 86 5 4 3 2 1

Inhalt

1 Das Aufbauen

Einleitung

Die Beschäftigung des Menschen mit der Keramik ist alt. Der gegenwärtige Stand der archäologischen Forschung legt das Auftreten erster gebrannter Erzeugnisse aus Ton in die mittlere Steinzeit. In den davor liegenden Zeiten wurden bereits Figuren aus Ton geknetet und geformt, den Menschen fehlte jedoch die Kenntnis der Wirkung des Feuers auf den Ton. Mit Ton ausgestrichene *Körbe* könnten ins Feuer geraten sein und so den *entscheidenden Impuls* gegeben haben, denn später wurden Körbe benutzt, um große Vorratsgefäße während des Aufbauens zu stabilisieren. Als die Menschen seßhaft wurden und neben der Jagd, dem Sammeln von Wildfrüchten und dem Gebrauch des Grabstocks Ackerbau und Viehzucht betrieben, war es nötig, Vorratsgefäße für Küche und Haushalt zu fertigen und sich deshalb intensiv mit der Herstellung von Keramiken zu beschäftigen.

Die Entstehung

In der Sahara, die damals ein fruchtbarer Landstrich war, im nahen Osten und der Türkei fand man die ersten Zentren der Töpferei. Funde aus Japan belegen eine keramische Tradition seit dem 11. Jahrtausend v. Chr. Diese *frühesten Töpfereizentren* lagen da, wo Ton als natürliches Verwitterungsprodukt von Gesteinen in großen Mengen vorkam. Die ersten Gefäße wurden aus einem Stück geformt, größere Arbeiten aus Wülsten oder Platten gebaut. Diese Techniken, die noch heute in vergleichbarer Weise genutzt werden, sind im ersten Teil des Buches Schritt für Schritt erklärt. Die erste einfache Töpferscheibe entstand, um eine immer größere Perfektion in Form und Oberfläche zu erhalten. Um *4000 v. Chr.* kamen Töpfer im Zweistromland zwischen

Euphrat und Tigris auf den genialen Gedanken, ihre Arbeitsplatten auf eine kugelige Lagerung zu stellen, so daß die Arbeiten leicht zu drehen und vor allem von jeder Seite gleichmäßig zu bearbeiten waren. Als Kugellager diente ein in Sand gebetteter Kieselstein oder eine gebrannte Tonkugel. Die Erfindung der *ersten* primitiven und sicher oftmals unstabilen *Töpferscheiben* (die heutigen Ränderscheiben mit einer Kugel als Lagerung sind von ihrem Bauprinzip her mit diesen ersten Scheiben vergleichbar) zog eine rasche Entwicklung nach sich. Es folgte die Erfindung der schneller laufenden Scheibe und das zeitsparende »Drehen vom Stock«. Bei diesem Verfahren wird nicht mehr jede Portion Ton auf der Scheibe zentriert; den Ausgangspunkt bildet ein großer Tonkegel, von dessen oberstem Teil immer wieder etwa gleich große Portionen zentriert und geformt werden. Auch das praktische *Drehen vom Stock* ist in handwerklich betriebenen Werkstätten eine immer noch in gleicher Weise ausgeübte Technik. Vor allem in Ländern, in denen die Fußdrehscheibe gebräuchlich ist, wird von Blumentöpfen bis zum Souvenir fast alles vom Stock gedreht, um den Schwung der Scheibe so gut wie möglich zu nutzen.

Die Töpferscheibe

Drehen vom Stock

1000 n. Chr. hatte sich die Töpferscheibe von Indien bis England ausgebreitet, wobei das Hauptverbreitungsgebiet der Mittelmeerraum war. *Griechen und Römer* betrieben die Töpferei in großem Stil und schickten ihre Waren in viele Länder.

Techniken

Die frühen Gefäßkeramiken wurden oft *poliert,* um den Scherben trotz der niedrigen Brenntemperatur (bei der noch keine Versinterung stattfinden kann) dichter zu machen. Die geformten oder gedrehten Gefäße waren mit Ornamenten verziert oder bemalt, feine Schlickerpasten in den Naturfarben des Tons ergaben schöne Farbnuancen. Die frühen Öfen, in denen Keramiken gebrannt wurden, waren keine fest gebauten Öfen, sondern waren den späteren *Meilern* ähnlich. Die Töpfe und Schalen wurden mit dem Brennmaterial zusammen in losem Verbund in Erdmulden gestapelt und mit weiterem Brennmaterial bedeckt. Diese »Feuerstellen« wurden entzündet und weiteres Brennmaterial wurde nachgeworfen. In etwa einer Stunde war der Brand beendet. In diesen *Feldbrandöfen* entstanden keine hohen Temperaturen. Je nach Bauart und verwendetem Brennmaterial (Holz, Sträucher, Dungfladen) wurden Temperaturen zwischen 600 und 900 °C erreicht.

Ofenbau

Die Töpfe waren ungleichmäßig gebrannt, oft fehlerhaft und zudem noch porös. Lediglich bei den polierten Stücken war durch die glatte Oberfläche ein relativ dichter Scherben entstanden. Im Laufe der Zeit wurden, um die Hitze des Feuers besser nutzen zu können, Öfen gemauert. Später trennte man auch den Feuerraum, in dem die Hitze erzeugt wurde, von dem Raum, in dem die Ware stand. Man entwickelte größere und dennoch sparsamere Öfen, mit denen immer höher gebrannt werden konnte.
Zentren der Töpferei konnten sich dort entwickeln, wo große und natürliche Tonlagerstätten waren. So wie wir es heute noch in Griechenland, Spanien und Afrika sehen können, wurde auch schon in früheren Zeiten der Ton abgegraben, in Stücke geschlagen, grob gesäubert und mit reichlich Wasser aufgeschlämmt. In nördlicheren Breiten ließ man den Ton *wintern und mauken* (also gefrieren, trocknen und sich wieder mit Wasser vollsaugen). In der weiteren Verarbeitung des Tons folgte das Treten und ein gründliches Mischen, oftmals auf dem gereinigten Boden oder in eigens dafür angelegten Gruben. Der letzte Arbeitsgang war dann das Durchschlagen der einzelnen Portionen Ton.

Anwendung

Für den Hausbau und die Kanalisation, für Ziegel, Vorrats- und Haushaltsgefäße, Wandschmuck und künstlerisches Gestalten hatte sich der gebrannte Ton als geeignetes und dauerhaftes Material erwiesen. Die Entdeckung der Glasuren und der Techniken zur Serienherstellung, wie z. B. der *Gieß- und Preßtechnik* sind die letzten Stationen dieses kurzen Überblicks über die Geschichte der Keramik.
Fast überall auf der Welt gibt es Tonlagerstätten. Entstanden sind sie durch Verwitterung des ursprünglichen, feldspathaltigen Gesteins. Hauptbestandteile sind Quarz, Aluminiumoxyd und Beimengungen verschiedenster Art, je nach Lagerstätte und ursprünglicher Zusammensetzung des Gesteins.

Tonarten

Man unterscheidet *primäre* und *sekundäre* Tone: die primären sind an ihrer Entstehungsstelle liegengeblieben und daher sehr rein, die sekundären haben oft einen weiten Weg hinter sich, Erdbewegungen, Wind und Wasser haben sie über große Strecken *transportiert,* mit anderen Stoffen gemischt, aufgeschlämmt und schließlich als Sediment abgesetzt. Eisenhaltige rote Tone kommen am häufigsten vor. Meist sind sie sehr plastisch, haben einen niedrigen Sinterpunkt, sind außerdem preiswert und deshalb bevorzugtes

Material für Backsteine, Dachziegel, Blumentöpfe, Kacheln und viele andere Produkte. Daneben gibt es helle, fast weiße Tone, die kaum Verunreinigungen enthalten und sich in ihrer mineralischen Zusammensetzung zum Brennen bei hohen Temperaturen eignen.

Tonfarbe

Die Farben der verschiedenen Tonsorten rühren von den Beimengungen an Eisen, Mangan, Titan oder Stoffen wie Humus her. Die organischen Beimengungen, die einen Ton in rohem, d. h. ungebranntem Zustand fast schwarz erscheinen lassen, verbrennen, und so kann dieser Ton nach dem Brand hell sein. Die Metalloxyde reagieren jedoch unter Hitzeeinwirkung und gehen eine feste Verbindung mit den übrigen Bestandteilen des Tons ein. Manchmal ändert sich dabei auch die *Farbe des Tons.*

Engobe

Schon früh kam man auf das heute noch gebräuchliche Verfahren, einen farbigen, preiswerten Ton mit einer hellen Engobe zu überziehen; so erhielt man leuchtendere Farben bei den aufgetragenen Glasuren und ein insgesamt hochwertigeres Produkt.

Reinigung

In den traditionellen Zentren der Töpferei, in Gegenden also, wo reichliche Tonvorkommen, Holz zum Feuern der Öfen und günstige Handelsbedingungen zusammenkamen, wurde der Ton seit alters her in Stücken abgegraben, grob gereinigt und in Bottichen mit reichlich Wasser aufgeschlämmt. Grobe Bestandteile setzten sich ab, leichtere schwammen obenauf und konnten abgeschöpft werden. Der so gereinigte Tonbrei wurde nun in ein zweites Becken umgefüllt.

Dort ließ man ihn bis zur entsprechenden Konsistenz eintrocknen, oft unter freiem Himmel, wie es im Süden heute noch üblich ist. – Die Tonindustrie nutzt die Kraft der Maschinen zum Reinigen, Mahlen und Sieben und hat andere Verfahren, das Prinzip ist jedoch das gleiche geblieben.

Die gemeinsamen Eigenschaften aller Tone sind ihre Formbarkeit in feuchtem Zustand, ihre Plastizität und ihre Fähigkeit, im Feuer zu erhärten, einen sogenannten *Scherben* zu bilden, der sich im Wasser nicht mehr löst.

Tonauswahl

Heute werden für verschiedene Arbeitstechniken und Produkte unterschiedliche Tone benutzt. Neben den Ziegeltonen bedient man sich zum Drehen auf der Scheibe eines *feinen, plastischen Tons,* zum Aufbauen nimmt man einen Ton mit Schamotte (das sind verschiedene Körnungen von kleingemahlenem, bereits gebranntem Ton).

Schlämmbecken, im Vordergrund bis zum feucht-plastischen Zustand abgetrockneter Ton, Griechenland

Stark schamottierte Tone verwendet man für großformatige Arbeiten, wie Plastiken oder in der Baukeramik. Beim Trocknen und beim Brand schwindet der Ton um einige Prozent. Diese Schwindung ist bei fetten plastischen Tonen größer als bei mageren oder schamottierten. Wichtig ist dabei auch die Brenntemperatur: Eisen- und Mangangehalt lassen farbige, dunkle Tone früher dicht werden (= sintern) und damit unter Umständen auch früher weich werden. Viele Werkstätten setzen ihre eigenen Tonmischungen nach erprobten Verhältnissen zusammen. Der feucht-plastische Masseansatz wird mehrmals durch eine *Strangpresse* geschickt, die nach dem Prinzip eines großen Fleischwolfes arbeitet und für eine gleichmäßige Mischung sorgt. Die im Fachhandel erhältlichen, in Folie verpackten Fertigtone sind solche zusammengesetzten Tone; sie werden als *Massen* bezeichnet.

Massen

Unglasiert...

Die ersten gebrannten Keramiken waren unglasiert. Ihre Oberfläche war, je nach Tonart und Bearbeitung, oft rauh und der Scherben nicht dicht, sie dienten als Vorratsgefäße, zum Kochen und zur Aufbewahrung des Wassers. Wie noch heute in südlichen Ländern, nutzte man die Porosität der Krüge zum *Frischhalten.* (Feuchtigkeit dringt durch die Poren von innen nach außen, verdunstet und kühlt dadurch den Inhalt.)

Poliert...

Später wurden Keramiken *poliert,* eine Fläche wurde so lange mit einem Kieselstein, einem Holz, einem Messerrükken bearbeitet, bis sie mattglänzend wurde. Dadurch erreichte man eine beachtliche Verdichtung des Scherbens, und die Gefäße wurden wasserundurchlässiger. Auch diese Technik wird heute noch angewendet. Polieren ist eine zeitraubende und arbeitsintensive Technik, sie bringt jedoch reizvolle Effekte und Oberflächen hervor.

Glasiert...

Die ersten Glasuren bestanden aus einem alkalienreichen Quarzsand. Sie tauchten in Ägypten um 3000 v. Chr. auf. Eine geringe Menge Kupfer ließ sie im Feuer grünlich bis türkisfarben ausschmelzen, der Tonkörper wurde mit dieser glasartigen Schicht überzogen und somit abgedichtet. Eine andere Art der Oberflächenveredelung war das Auftragen feingeschlämmter, farbiger Tone, die eine matte bis glänzende, dichte Oberfläche im Brand bildeten.

Die ersten *Ascheanflugglasuren* entstanden beim Brennen in holzgefeuerten Öfen, die höhere Temperaturen erreichten. Die Strömung der den Ofeninnenraum durchziehenden heißen Gase und Flammen riß eine große Menge feinster Ascheteilchen aus den Feuerzonen mit. Auf dem Weg von der Aschekiste über den Feuerraum zum Abzug lagerten sich diese Ascheteilchen je nach Strömung auf der Ware ab, bevorzugt auf Hals und Schulter der Gefäße. Dort schmolzen sie zu einer braungrünen, matt bis glänzenden Glasur aus.

Salzglasur

Eine andere Art der Glasur ist die *Salzglasur,* eine Anflugglasur, die durch Einbringen von Salz in den heißen Ofen entsteht. Das Salz, Kochsalz, Viehsalz usw. wird bei Erreichen der Höchsttemperatur in den Ofen oder in die Feuerung geworfen und zerfällt dabei in seine Bestandteile Natrium und Chlor. Chlor entweicht mit den Brenngasen, Natrium geht jedoch mit dem Quarz und den Aluminiumbestandteilen des Scherbens eine Verbindung ein und bildet eine transparente Glasur. Bekannt für salzglasiertes Steinzeug sind seit dem 14. Jh. Raeren, Frechen, Siegburg und das gesamte Westerwälder Kannenbäcker Land. Als salzglasierte Ware kennt man die gewöhnlichen Sauerwasser-Flaschen, Bier- und Weinkrüge, ebenso Backformen, Becken, Behälter für Chemikalien und Kanalrohre. Man nimmt an, daß die Wirkung des Salzes im Ofen zufällig entdeckt wurde. Unter den farblosen Salzglasurschichten findet sich oft eine Smalte-Bemalung (= dünne, farbige Tonschlämme), die als Dekoration in Kobaltblau oder Manganviolett für die blaugrauen Gurkentöpfe und Schmalztiegel Verwendung fand.

Bleiglasur

Als weitere große Gruppe der Glasuren sind die *Bleiglasuren* zu nennen. Dies sind Glasuren, die einen bestimmten Prozentsatz an Blei enthalten und dadurch schon bei niedrigen Temperaturen ausschmelzen. Meist sind sie gelblich bis grünlich und werden über eine traditionelle Bemalung mit Engoben glasiert. Kachelöfen und bäuerliche Schüsseln und Krüge waren früher immer bleiglasiert. Aufgrund der gesundheitsschädlichen Wirkung wird heute kaum mehr Blei in Glasuren verwendet.

Wie beim Blei richtet sich die Bezeichnung der Glasuren meist nach dem mengenmäßig am stärksten vertretenen Rohstoff, so bei Feldspat- und Lehmglasuren oder nach dem charaktergebenden Stoff, wie bei Asche-, Zinn- und Bariumglasuren.

Ton

Der sachgerechte Umgang mit dem plastischen Material ist Grundvoraussetzung für die kreative Arbeit mit Ton. Töpfern kann nur Spaß machen und befriedigend sein, wenn Ihren gestalterischen Ideen keine allzu großen Schwierigkeiten im Umgang mit dem Arbeitsmaterial entgegenstehen. Der Ton wird, in feuchte Tücher oder Plastikfolie verpackt, in gut verschließbaren Behältern aufbewahrt. So bleibt er lange Zeit geschmeidig und verwendbar.

Aufbewahrung

Eine weitere Möglichkeit ist, eine alte *Holzkiste,* die einen fest schließenden Deckel hat, mit Plastikfolie auszuschlagen, um so auch größere Mengen Ton in dieser Tonkiste über längere Zeit feucht halten zu können.

Wiederverwendung

Ton, der zu hart geworden ist, sollte ganz abtrocknen, weil er dann rascher Feuchtigkeit aufnimmt. Mit einem Hammer schlägt man ihn in kleine Stücke und weicht ihn in einer Schüssel bzw. in einem Eimer ein, wo er sich im Gegensatz zu kernfeuchtem Ton schnell und vollständig lösen kann. Nach einigen Tagen, wenn der Ton gut durchgezogen ist, gießen Sie das überschüssige Wasser ab oder saugen es mit einem Schwamm auf. Jetzt kann der Ton auf Gipsplatten gleichmäßig ausgelegt werden. Ist der Ton bis zur knetbaren Konsistenz abgetrocknet, muß er ähnlich wie Teig geknetet werden. Das sogenannte Schlagen ist nötig, um die eingeschlossene Luft aus dem Ton zu bringen, weil sie zu Absprengungen oder Beulen im Brand führen könnte. Den Fertigtonen, die es im Fachhandel zu kaufen gibt, wurde die Luft bereits maschinell mit Vakuumpressen entzogen.

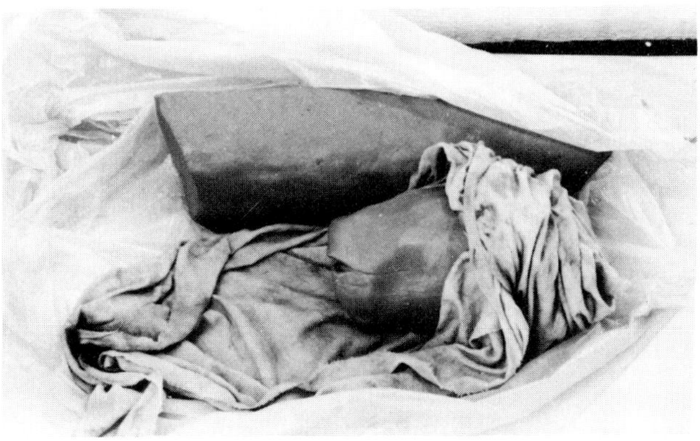

Feuchten Ton bewahren Sie am besten in Folie und feuchten Tüchern auf. Zu hart gewordener Ton läßt sich in dieser Weise oft wieder gebrauchsfähig machen.

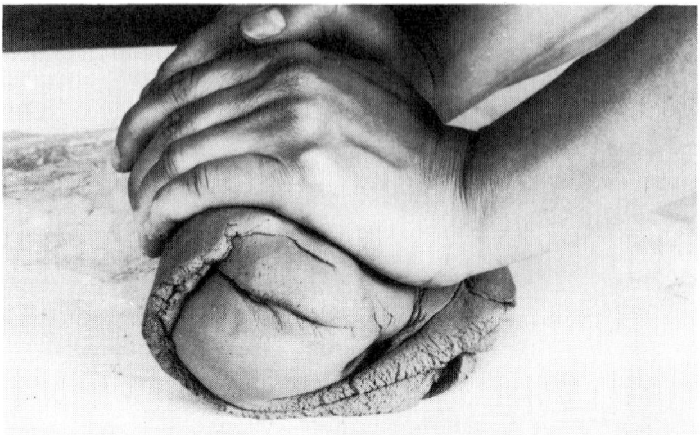

Nach etwa einem Tag kann man den Ton von der Gipsplatte ablösen und auf einer festen Unterlage ähnlich wie Teig kräftig verkneten.

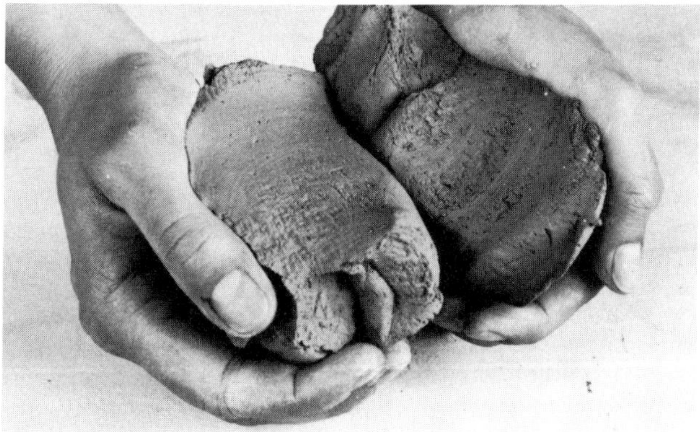

Kleinere Portionen Ton teilt man mit einer gegenläufig abziehenden Handbewegung und schlägt sie mit den glatten Seiten wieder aufeinander.
Dieser Vorgang wird mehrfach wiederholt, der Ton wird dadurch dichter und gleichmäßiger. Die Luft wird durch das Schlagen herausgepreßt.

Diese Teile sind nur äußerlich geglättet und weisen innen Lufteinschlüsse auf, die in den Stücken beim Brand zu Fehlern führen.

Das Ansetzen von farbigen Tonmassen

In diesem Buch wurden für einige Arbeiten farbige Tonmassen verwendet. Neben der einen Möglichkeit, z.B. roten und weißen Ton zu mischen, gibt es noch andere, bei denen Metalloxyde wie Eisen, Chrom und Cobalt in den Ton eingeknetet werden und ihn so farblich verändern.
Damit diese Färbung des Scherbens auch nach dem Glasurbrand noch deutlich zu sehen ist, verwenden Sie für Ihre Stücke helle oder transparente Glasuren.
In diesem Kapitel ist das Einfärben von Tonmehl mit Oxyden erklärt. Diese Methode erfordert ein bißchen Mühe und etwas mehr Zeit, bietet dafür aber umso interessantere Variationsmöglichkeiten.

Man setzt dem Tonpulver ca. 1–3% färbende Stoffe zu (Eisen-, Mangan-, Cobalt-, Chrom-, Kupfer- oder Nickeloxyd). Bei Eisen, Mangan und Kupfer ist es nötig, feines Quarzmehl zuzusetzen, um dem Ton im Brand mehr Festigkeit zu geben. Diese Stoffe setzen den Sinterpunkt herab (sintern = dicht brennen).

Ein Beispiel:
88 g Tonmehl
10 g Quarz
2 g Manganoxyd
verrührt man mit Wasser und legt den Tonbrei auf einer sauberen Gipsplatte aus.

Um die Schwindung des neuen Tones exakt messen zu können, fertigen Sie Probeplättchen an, die mit einer Maßeinheit (z. B. 10 cm) versehen sind, und messen nach dem Trocknen und nach dem Brand.
Machen Sie auch einige Proben mit Glasur!

Viele Farbtöne kommen erst unter einer transparenten Oberfläche richtig zur Geltung, weil dann erst die Metalloxyde gelöst werden. Also schneiden Sie ausreichend Plättchen! Vergessen Sie nicht, diese Proben zu kennzeichnen, und führen Sie Buch über die Versuche.

Um die Tonsorten im Brand zu testen, formt man verschiedene Körper. Man probiert, ob sich der Ton durchbiegt, wenn er, an den Enden aufgehängt, gebrannt wird. Das erspart einen »Schrottbrand«, wie im hinteren Teil des Fotos sichtbar.

Werkzeug: Was man benötigt, und wie man einiges selbst herstellen kann

Auf den folgenden Seiten sind die gängigsten Werkzeuge und Hilfsmittel gezeigt, die vorerst genügen.
Vieles davon findet sich in der Küche oder kann mit wenig Aufwand selbst hergestellt werden.
Es empfiehlt sich, einen ständigen Arbeitsplatz einzurichten, oder sich, wie auf Seite 17 gezeigt, ein richtiges Arbeitsbrett aufzuhängen, um alles griffbereit zu haben. Ein dort hängender Spiegel hilft Ihnen, bei der Arbeit Ihr Stück rundherum sehen zu können.
Für die einfachen Aufbautechniken ist es vorteilhaft, nur mit den Händen und Fingern zu arbeiten, so kann sich ein erstes Gefühl für die Möglichkeiten und Grenzen des Materials Ton einstellen.

Einen Schneidedraht können Sie gut aus zwei Holzstücken und einer Gitarrensaite oder Blumendraht selbst bauen.

Aus Uhrfedern oder den Metallbändern von Verpackungen lassen sich Schlingen fertigen. Ein Schwamm am Stiel und einige Formhölzer sind eben so rasch selbst hergestellt.

Küchengeräte wie Messer, Gabel, Kochlöffel, Nudelholz und Teigschaber leisten für den Anfang gute Dienste.

Gips

Als Unterlage für das Gestalten mit Ton ist eine Gipsplatte nötig. Sie eignet sich am besten, weil sie Feuchtigkeit aufnehmen kann und Ton sich leicht von dieser Unterlage lösen läßt (im Gegensatz zu einer Unterlage aus Papier, Holz oder Plastik). Nehmen Sie für die Herstellung einer kleinen Gipsplatte eine gefettete Plastikschüssel und gießen Sie etwa 3 cm hoch glattgerührte Gipsmasse ein. Durch leichtes Aufklopfen der Schüssel erreichen Sie, daß die *Luftbläschen* an die Oberfläche steigen und die Gipsplatte fest und glatt abhärten kann. Nehmen Sie die Platte nach dem Hartwerden heraus, und glätten Sie die Oberfläche mit einem Spachtel oder Schleifpapier. Das Glätten ist wichtig, damit später keine *Gipsteilchen in den Ton* geraten können.

Auslegen

Zum Auslegen des Tons wird eine große Platte mit Hilfe von vier Holzleisten hergestellt. Legen Sie die Leisten über Eck auf einen glatten Tisch und dichten Sie den Spalt ringsum mit weicher Tonmasse ab, damit der Gips nicht ausfließen kann. Dieser Ton kann nicht mehr verwendet oder aufbereitet werden, weil Gipsteilchen eingeschlossen werden, die im Brand zu Sprengungen führen. Die Innenfläche und die Ränder der Leisten müssen ebenfalls gefettet sein, bevor der Gips eingegossen wird. Denken Sie daran, daß die große Platte nicht zu dünn werden darf, sie wäre dann zu empfindlich; Sie benötigen ca. einen 10 l Eimer angerührte Gipsmasse für eine Platte von 40 x 40 cm. Um die Luftbläschen aufsteigen zu lassen, klopfen Sie mit einem Hammer rings um die Leisten auf den Tisch.

Der Gips verteilt sich gleichmäßig, wenn Sie mit einem Hammer o. ä. rund um die Leisten auf die Unterlage klopfen. Damit erreichen Sie auch, daß eingeschlossene Luftbläschen entweichen können. Der Ton, der zum Festkneten der Leisten verwendet wurde, kann nicht mehr verarbeitet werden.

Formen aus der Kugel

Kleine Schale

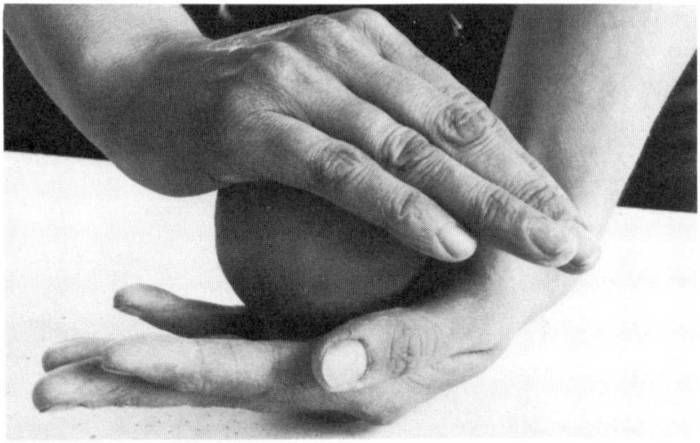

Nehmen Sie eine Portion gut durchgeschlagenen Ton, und klopfen Sie den kleinen Klumpen rund.

In der Wölbung der Handflächen wird eine gleichmäßige, glatte Kugel gerollt.

Mit beiden Daumen drückt man eine Mulde in die Kugel.

Um diese Mulde rund und genau in der Mitte zu halten, dreht man die Kugel während des Arbeitens.

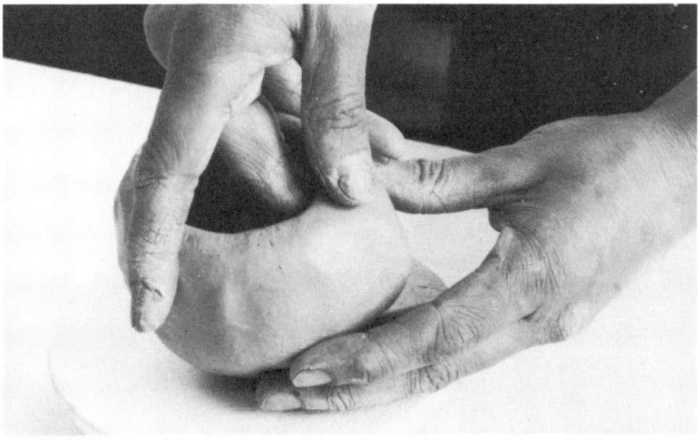

Auf diesem Foto wird gezeigt, wie man die Öffnung weiter formt, das heißt aufbricht.

Der Rand und der Boden sollten eine gewisse Wandstärke behalten, da diese Tonmenge für den Fuß und für den Randabschluß benötigt wird.

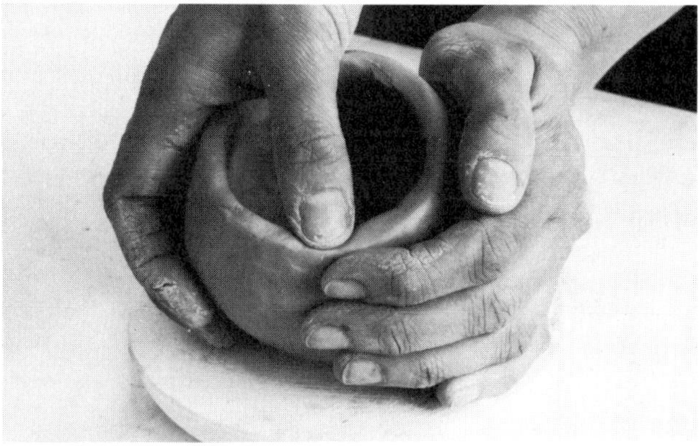

Der Rand der Schale wird jetzt noch gleichmäßig dick geformt und geglättet. Beachten Sie, daß Becher und Tassen einen dünnen Rand haben sollten. (Das ist angenehmer beim Trinken.)

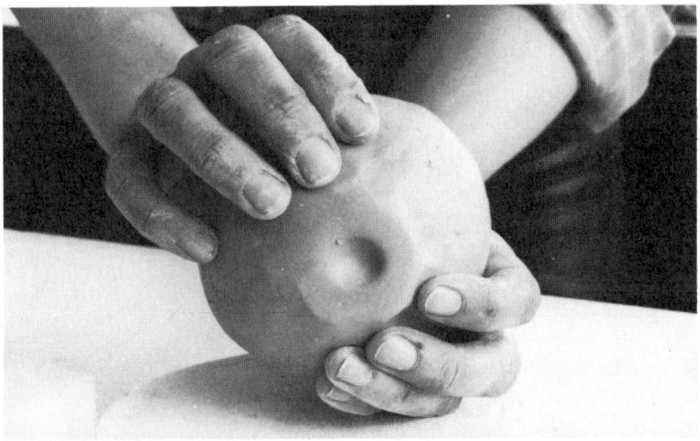

Jetzt nimmt man die Schale mit beiden Händen, dreht sie um, und drückt mit den Fingerkuppen Ton zur Mitte. In die Mitte dieses Fußes drückt man eine Delle, damit die Schale später einen guten Stand hat. Gefäße mit Fuß heben sich besser ab und wirken insgesamt leichter.

Kleine Vase

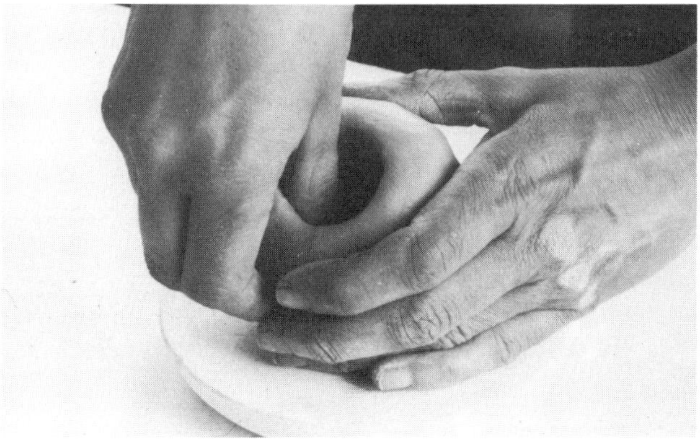

Wenn Sie eine kleine Vase aus der Kugel machen wollen, gehen sie vor, wie bei der Schale (Seite 21) beschrieben, ziehen jedoch den Rand höher.

Der Ton wird hier mit vier Fingern hochgezogen, um möglichst viel Masse für den Abschluß der Vase zu bekommen.
Bei diesem Vorgang wird der Ton von unten nach oben gedrückt und gleichzeitig eingehalten, damit der Hals der Vase enger wird.

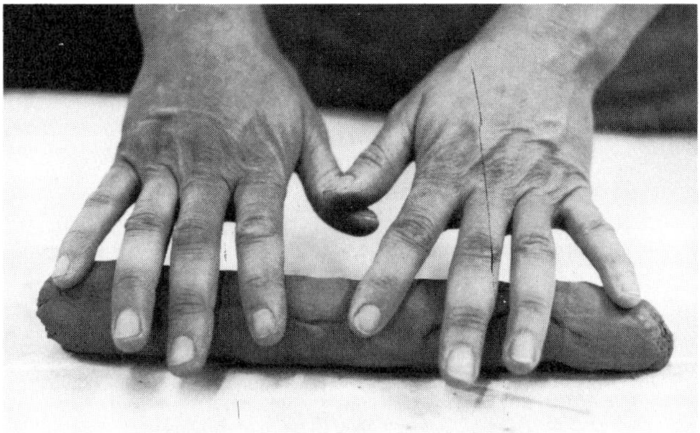

Wenn die Tonmenge nicht ausreicht, um den Hals der Vase zu formen, oder wenn Sie die Kugel so ausgeweitet haben, daß ein Engerziehen nicht mehr möglich ist, können Sie immer noch aus einer gerollten Tonwurst den Hals ansetzen.

Aus einer dicken Tonwurst rollen Sie einen passenden Ring, montieren diesen vorsichtig an die Vase und formen daraus den endgültigen Vasenrand. Die Tonwurst wird dabei dünn ausgearbeitet und zum Schluß beschnitten.

Aufbauen mit Tonwürsten

Der Zylinder

Der Zylinder ist eine Grundform, die am Anfang des Aufbauens mit Ton stehen sollte.
Das Auge und die Hände werden an diesem senkrechten Körper geschult: Mit jeder neu aufgesetzten Tonwurst wächst das Stück, jede Abweichung von der geraden Seitenlinie wird sofort sichtbar.
Lassen Sie sich von Anfangsschwierigkeiten nicht gleich entmutigen, eine Zylinderform erfordert geduldiges, langsames Arbeiten mit Fingerspitzengefühl. Setzen Sie also die Ansprüche an sich nicht gleich zu hoch an, – der zweite Zylinder wird bestimmt besser gelingen als der erste.

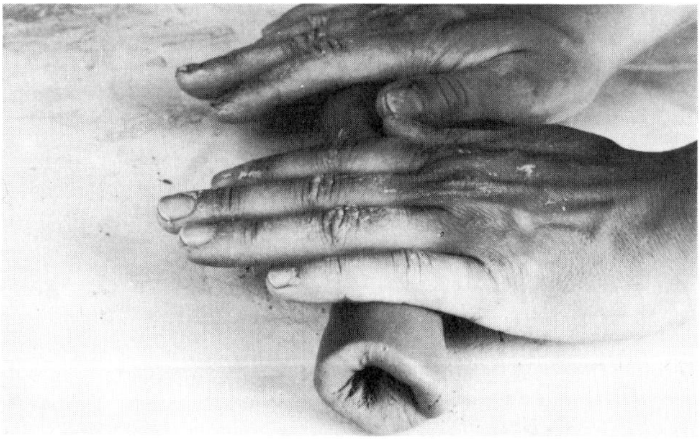

Aus einem gut durchgeschlagenen Stück Ton wird mit beiden Händen eine gleichmäßige Wurst gerollt. Die Enden, in denen sich oft Luft befindet, werden abgezwickt.

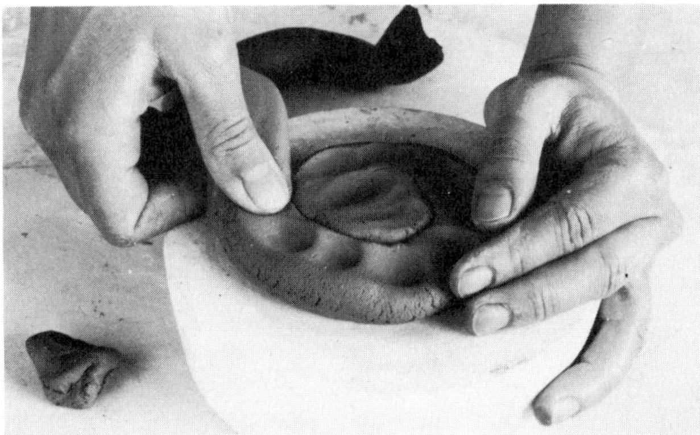

Aus dieser ersten, dickeren Wurst wird der Boden schneckenförmig, von innen beginnend auf die Gipsplatte gelegt und fest angedrückt.

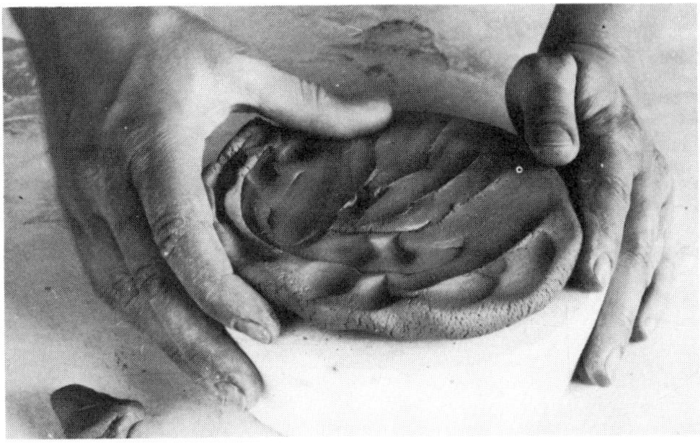

Diesen Boden verstreicht man mit festem Druck auf beiden Seiten. Das ist wichtig, damit später keine Risse im Boden auftauchen.

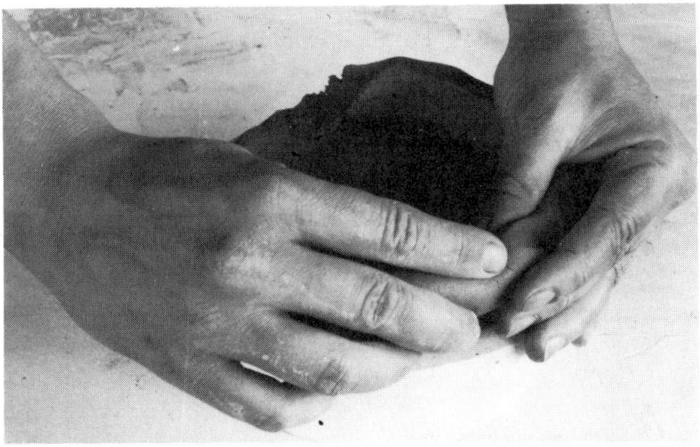

Auf die Bodenplatte wird nun die erste Tonwurst aufgesetzt. Wegen der Stabilität sollte diese erste Wurst etwas dicker sein und besonders sorgfältig mit dem Boden verbunden werden.

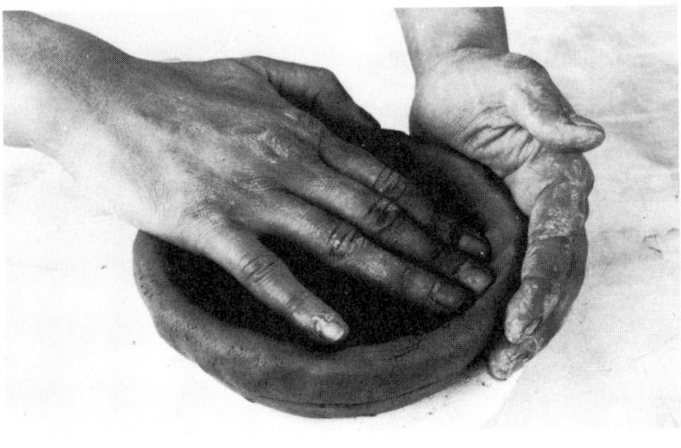

Die erste Runde wird geglättet und verstrichen.
Achten Sie bereits jetzt darauf, daß die Wandung für den Zylinder senkrecht und möglichst gerade wird.

Das Aufsetzen der zweiten Wurst erfolgt auf dieselbe Art. Danach drehen Sie das Stück um und glätten den Übergang vom Boden zur Wandung. Der Boden bekommt eine Delle, damit der Zylinder nach dem Brand besser steht.

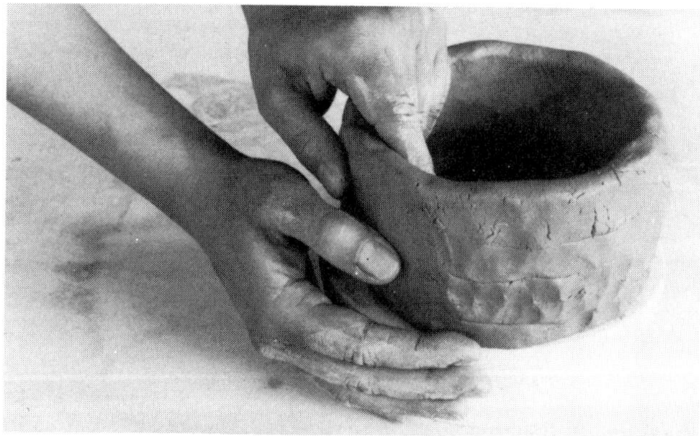

Bei den nun folgenden Runden ist darauf zu achten, daß die Tonwürste immer nach innen geneigt aufgesetzt werden.
Dadurch verhindern Sie, daß der Zylinder nach oben weiter wird.

Wenn der Zylinder hoch genug ist, glätten Sie die Wandung mit einem Teigschaber vorsichtig. Dabei ist es auch möglich, mit nach oben ziehenden Bewegungen nachträglich an Höhe zu gewinnen und die Wand auszudünnen.

Schale

Der Boden für die Schale wird ebenso wie der Boden des Zylinders angefertigt. Es ist wichtig, sich jetzt über die Größe, die Ausmaße und die Wölbung der Wände im klaren zu sein, damit nicht alles dem Zufall überlassen bleibt. Die erste, noch etwas dickere Tonwurst soll noch ziemlich gerade aufgesetzt werden und eine saubere, schräge Verbindung zum Boden bekommen.

Stabilität

Die Darstellung verdeutlicht, wie eine gut durchdachte Schale schon von Anfang an Stabilität erhält. Im weiteren Verlauf der Arbeit wird die Wandung der Schale dünner. Die obere Randzone sollte immer wieder angefeuchtet werden, damit sie elastisch bleibt. Je ausladender und je dünner die Seitenwand werden soll, desto sorgfältiger muß gearbeitet werden.

Boden und erste Runde glätten, sind die nächsten Schritte.

Jetzt sollte auch wieder die Bodenbuchtung eingedrückt bzw. ein Fuß- oder Standring angarniert werden.

Bauen Sie immer etwas steiler, als die Wandung Ihrer Schale später sein soll.

Achten Sie auf gleichmäßig dicke Wandstärke, und setzen Sie die Verbindungen der Tonwürste nicht immer an die gleiche Stelle!

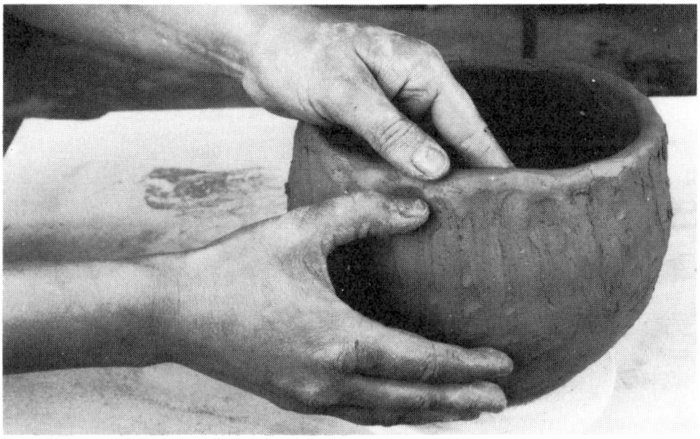

Bevor Sie nun beginnen, Ihrer Schale die endgültige Form zu geben, sollte die ganze Wandung noch einmal mit den Fingern überarbeitet werden.

Dadurch verbinden sich die aufgesetzten Tonwürste besser miteinander, und das ganze Stück gewinnt an Festigkeit.

Jetzt kann die Schale vorsichtig mit dem Teigschaber ausgeweitet werden. Dann wird von außen geglättet und wieder von innen geweitet, so daß allmählich die endgültige Form erreicht wird.

Mit dem Schaber immer schräg über die Fläche ziehen!

Zum Schluß wird der obere Rand sorgfältig ausgeglichen, wenn nötig abgeschnitten, geglättet und gerundet.

Statik

Beim Aufbau einer Schale ist es besonders wichtig, sich einige Gedanken über die *Stabilität* der Form zu machen. Je größer, je dünner und je ausladender eine Schale gebaut werden soll, um so schwieriger wird das Aufbauen. Das Gelingen hängt in starkem Maße vom ordentlichen Anfang, also von der Bodenplatte und den ersten zwei bis drei Runden ab. Wie das Foto unten deutlich zeigt, hängt von der Verbindung der ersten Runde zur Bodenplatte die gesamte spätere Festigkeit der Schale oder Schüssel ab, entsprechend sauber sollte dieser Bereich gearbeitet werden. Manchmal ist es notwendig, in diese Zone eine dünne, weiche Tonwurst einzukneten, um diesen Bereich zu verstärken.

Verbindung

Beginnen Sie an einer Stelle und kneten Sie eine Tonwurst Stück für Stück fest, damit auf keinen Fall Luft eingeschlossen werden kann. Dieses Verfahren ist ausführlich in dem Kapitel »Kasten« beschrieben und verdeutlicht.
Auch ausladendere Schalen beginnt man praktischerweise mit einer steileren Wandung, die dicker sein darf. Wenn die Grundform steht, kann mit den Fingern oder dem Teigschaber dünner und weiter ausgeformt werden. Allmählich bildet sich so die endgültige Form aus.
Der obere Randbereich wird durch das Ausdünnen und Ausweiten leicht spröde und rissig, er kann zwischendurch mit einem Schwamm angefeuchtet werden. Risse, die sich einmal gebildet haben, sollten abgeschnitten werden. Es ist mühselig zu versuchen, solche Risse wieder zusammen zu montieren, denn meist kommen sie beim Trocknen wieder zum Vorschein.

Das Foto zeigt eine durchgeschnittene Schale mit Fuß und soll verdeutlichen, wie die erste Runde (die ja später die gesamte schräge Schalenwand tragen soll) aussehen muß. Je ausladender die Schale also werden soll, umso allmählicher muß der Übergang vom Boden zur Wandung sein.

Plattentechnik

Werden mehrere gleichstarke Tonplatten benötigt, stellt man diese mit Hilfe eines sog. *Blätterstocks* her.
Ein handelsüblicher Hubel Ton wird flach geklopft. Holzleisten in der gewünschten Plattenstärke werden links und rechts angelegt und etwas eingedrückt, damit sie nicht verrutschen. Die einzelnen Platten können nun mit einem Schneidedraht über den Leisten geschnitten werden.

Plattentransport

Platten aus weichem Ton oder besonders große, schwere Platten, die man mit den Händen nicht mehr sicher fassen kann, transportiert man mit Hilfe von vier Leisten. Zwei Leisten werden rechts und links unter die Ränder der geschnittenen Tonplatte gelegt. Die beiden anderen Leisten plaziert man direkt darüber, so daß man durch den Druck der Finger die Tonplatte zwischen je zwei Leisten einklemmt. Die Platten können so transportiert werden, ohne daß sich Finger eindrücken oder sie beim Anheben einreißen. Auf Tüchern oder Zeitungspapier werden sie ausgelegt und im lederharten Zustand zugeschnitten.

Montage

Zum Montieren der Einzelteile verwendet man *Schlicker.* Das ist ein angerührter Brei aus Ton und Wasser. Das Verhältnis Ton : Wasser kann je nach Verwendungszweck unterschiedlich sein, für den Schlicker sollte jedoch immer der gleiche Ton wie für die zu montierenden Teile benutzt werden. Die Platten werden mit einer *Gabel* an den Rändern eingeritzt und mit Schlicker bestrichen.
Das Arbeiten mit Platten nimmt durch den Trockenprozeß mehr Zeit in Anspruch als andere Montagetechniken. Gründliche, genaue Vorbereitung der Platten ist Voraussetzung für das Gelingen und den Erfolg der Arbeit.

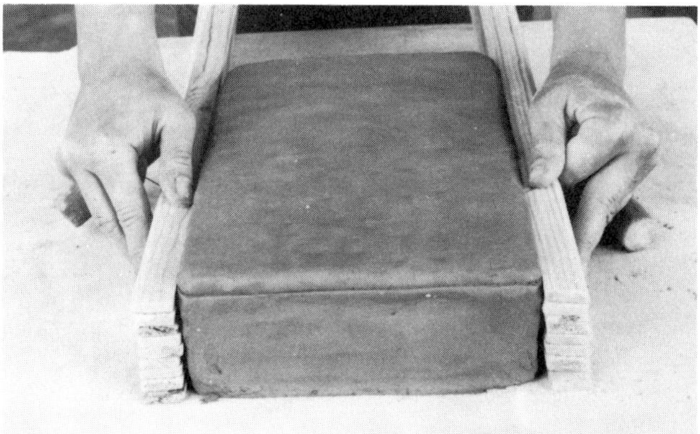

Zum Schneiden der Platten ziehen Sie den Schneidedraht langsam und stetig durch den Hubel und stützen die Leisten seitlich mit den Fingern.

Wenn die vier Seiten angeschlikkert sind, knetet man zur Stabilisierung in alle Kanten eine dünne Tonwurst.

Um das zu zeigen, wurden bei dem Foto die Vorderseiten noch nicht montiert.

Es darf beim Einkneten keine Luft eingeschlossen werden!

Durch leichtes Klopfen mit einer Holzleiste werden die Kanten eng verbunden, der überschüssige Schlicker tritt aus und kann verstrichen werden.

Anschließend drücken Sie nochmals alle Kanten fest zusammen, auch den Boden.

Kontrollieren Sie, ob der Kasten rechtwinklig ist, denn es kommt vor, daß durch das Bearbeiten des feuchten Stückes die Form verschoben wird.

Mit einem Blech oder einem Schaber wird der Kasten in hartem Zustand dann endgültig geglättet, die Kanten gerundet und Unebenheiten beseitigt.

Montieren Sie den Deckel nach dem Zuschneiden genau wie den Kasten.

Hier sind zwei Beispiele für Deckelformen gezeigt: einer mit Innenrand, der andere übergreifend.

Die Paßform muß oft kontrolliert werden!

Um gerade Kanten vor allem oben zu bekommen, fixiert man einen Bogen Schleifpapier mit Reißzwekken und schmirgelt vorsichtig Kasten und Deckel mit kreisenden Bewegungen. Dafür sollte der Ton fast trocken sein, und der Kasten muß sehr vorsichtig behandelt werden!

Plattentechnik

Die Schale

Zwischen zwei Tüchern oder Folie wird eine nicht zu dünne Platte Ton ausgewalzt. Wenden Sie den Fladen öfters.

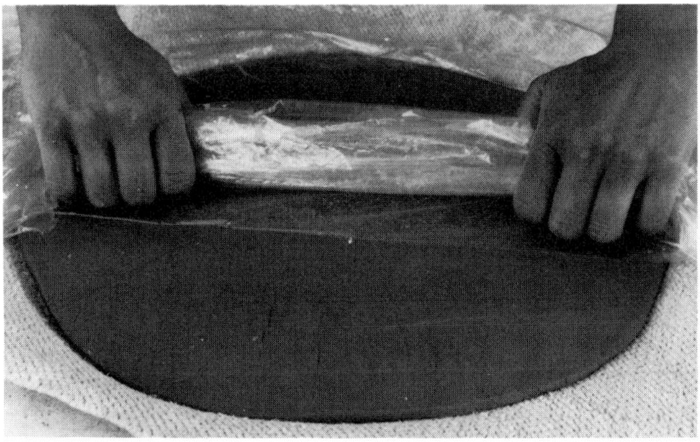

Die obere Folie kann jetzt abgezogen werden.

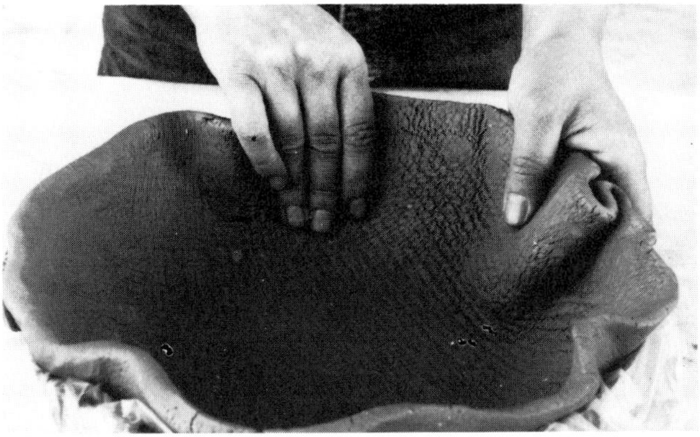

Die weiche Platte wird mit dem Tuch in eine Schale eingelegt. Klopfen Sie die Schale leicht auf den Tisch, damit der Fladen ganz einsacken kann.

Auslegen von vorhandenen Formen

Eine interessante Methode mit Tonplatten zu arbeiten ist das Auslegen von vorhandenen Formen. Tonplatten werden zwischen zwei Tüchern oder Plastikfolien ausgewalzt. Dabei ist es wichtig, daß die Außenkanten des entstehenden Fladens nicht dünner als der mittlere Bereich werden. Die Folie muß öfters abgezogen werden, damit sich keine Falten oder Risse bilden. Die noch weiche Tonplatte wird mit Hilfe der Folie in ein geschrühtes Gefäß oder eine Gipsform eingelegt. So können nacheinander mehrere gleiche Formen hergestellt werden. Der eingelegte Fladen wird in die Schale eingedrückt, ausgeformt, und überstehende Falten entweder flachgeklopft oder zugeschnitten. Schnittstellen werden sauber verstrichen und mit einem Teigschaber geglättet. Achten sie darauf, daß hierbei keine Luft eingeschlossen wird und kein Wulst entsteht. Lassen Sie das Stück in der Form antrocknen, der Rand kannn dann leichter beschnitten und versäubert werden, ohne seine Form zu verlieren.

Im lederharten Zustand können ein *Fußring* oder *Ornamente und Verzierungen* angebracht werden. Die Arbeit hält jetzt einigen Druck aus. Je trockener das Stück wird, umso empfindlicher und zerbrechlicher wird es. Daher sollten größere Stücke bereits im lederharten Zustand aus der Form genommen werden.

Trocknen

Gefäße oder Teller, die aus Tonplatten entstehen, verziehen sich stärker als aufgebaute Keramiken. Trocknen Sie diese Arbeiten daher langsam und sorgfältig.

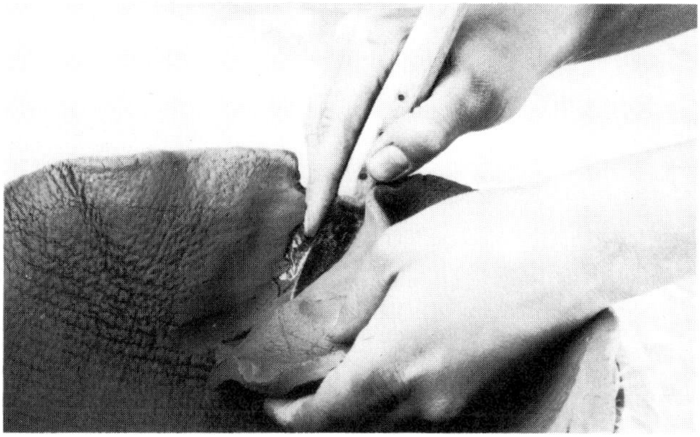

Überstehende große Tonfalten kann man schräg ausschneiden, kleinere Zwickel werden einfach flachgedrückt.

Plattentechnik

Der Zylinder

Sie können farbige Tone mit dieser Auswalztechnik in den Fladen einarbeiten und auf diese einfache Art schöne Ergebnisse erzielen.

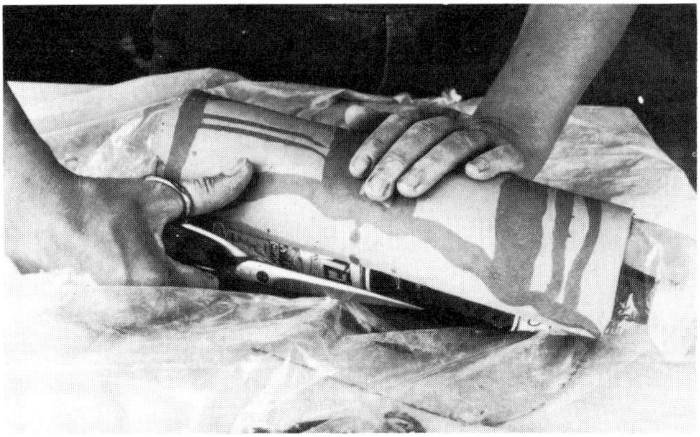

Auch ein Zylinder läßt sich so ohne viel Mühe herstellen.

Rollen Sie eine Flasche in den Fladen ein, schneiden Sie die Folie am Übergang ab, und verstreichen Sie die Naht.

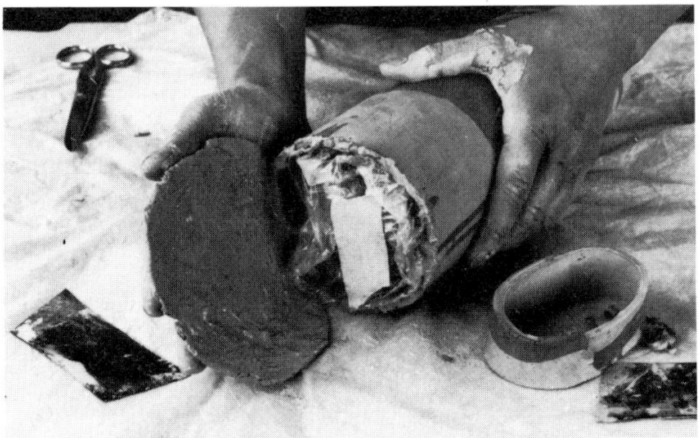

Nach kurzem Antrocknen montiert man einen Boden und stellt den Zylinder auf. Entfernen Sie jetzt die Flasche vorsichtig, damit die Trockenschwindung des Tons über der Flasche das Stück nicht zum Reißen bringt.

Krug

In diesem Kapitel geht es um das Aufbauen einer größeren Kugelform, die fast geschlossen wird. Für einen Krug kommen zu dieser einfachen Grundform noch das Ziehen eines Henkels und das Ausstreichen einer Schnaupe hinzu. Beim Schließen einer Schalenform sollten Sie unbedingt darauf achten, daß die aufgesetzten Tonwülste dick genug, also tragfähig bleiben. Das gilt auch für den Hals des Kruges, aus dem noch die Schaupe geformt wird. Er sollte genügend Masse haben, damit Sie noch an der Form arbeiten können.

Bei einem bauchigen Krug geht man von einer Halbkugel aus und legt in der Folge die Tonwürste immer mehr nach innen, damit eine fast geschlossene Kugel entsteht.

Ziehen Sie die Öffnung mehr und mehr ein und verstreichen Sie sauber jede neue Tonwurst.
Achten Sie darauf, daß die Schulterzone erhalten bleibt und beim Verstreichen nicht abflacht.

Halsring ansetzen

Das Ansetzen des *Halsrings* wird um so schwieriger, je schmaler und höher der Hals des Gefäßes werden soll. Statt einer dicken Tonwurst können Sie auch einen Streifen walzen und ihn dann montieren. Zur Unterstützung kann eine dünne Tonwurst an der Schnaupe angebracht und sauber verstrichen werden.

Henkel

Der Henkel wird am lederharten Gefäß angepaßt, entscheiden Sie Form und *Schwung des Henkels* am Krug. Senkrecht zu einem aufgelegten Stift kreuzen Sie auf der der Schnaupe gegenüberliegenden Seite des Krugs die Ansatzpunkte für den Henkel an. Das obere Ende des Henkels wird wie das untere abgestrichen, an die vorgeritzte Stelle plaziert und verstrichen.

Die Halsansatzzone ist jetzt fast geschlossen und kreisförmig.

Der Hals des Kruges wird aus einer dickeren, flachgedrückten Tonwurst gearbeitet, angedrückt und verstrichen.

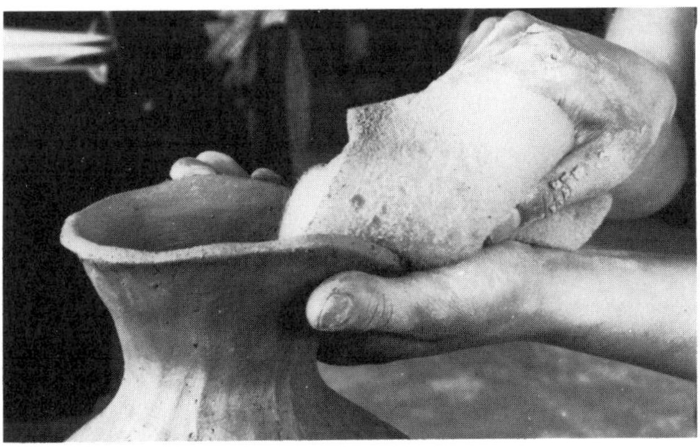

Mit dem feuchten Schwamm wird die Schnaupe ausgeformt. So erhält der Abschluß die endgültige Form.

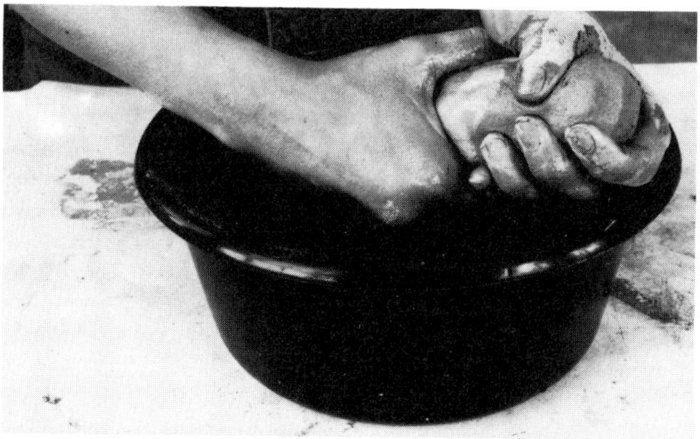

Ziehen Sie den Henkel mit nasser Hand aus einem gut durchgeschlagenen Stück Ton.

Das Gleiten der Hand mit reichlich Wasser ermöglicht ein Ziehen des Henkels ohne großen Druck.

Wenn der Henkel die gewünschte Länge hat, flachen Sie ihn mit dem Daumen in der Mitte ab, und entfernen Sie das untere, dicke Endstück.

Nachdem der Henkel montiert ist, werden die aufgebrachten Teile ringsum verstärkt und glattgestrichen. Mit einem feuchten Schwamm wird zum Schluß noch versäubert.

Teekanne

Zur Teekanne, die wie der Krug aus einer kugeligen Form entsteht, gehören außer dem Henkel noch Tülle und Deckel.
Bevor Sie zu arbeiten beginnen, sollten Sie einige Punkte genau durchdenken: das Volumen der Kanne, ihr Gewicht, die Höhe der Tülle in Bezug zum Flüssigkeitsspiegel, die Ausmaße des Henkels und die Gießform der Tülle.
Die Tülle sollte eine Abrißkante haben, damit der Tee gut ausgegossen werden kann. Orientieren Sie sich an praktikablen Ausgießformen im Haushalt.
Denken Sie daran, daß es nicht nur von der Form und der Schönheit abhängt, ob die Kanne später benutzt wird, sondern hauptsächlich von ihrem Gewicht. Rechnen Sie: Kanne + Glasur + Flüssigkeit!

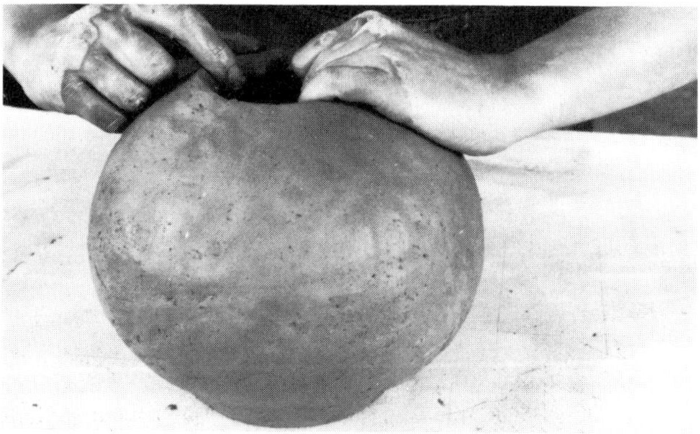

Die Teekanne besteht wie der Krug aus einer fast geschlossenen Kugel.

Aus einer kleinen Tonkugel formt man den Deckel. Damit er später einen festen Sitz hat, bringen Sie einen Innenring an, der dem Durchmesser der Kannenöffnung entspricht. Der Deckel sollte fest sitzen, aber nicht klemmen.

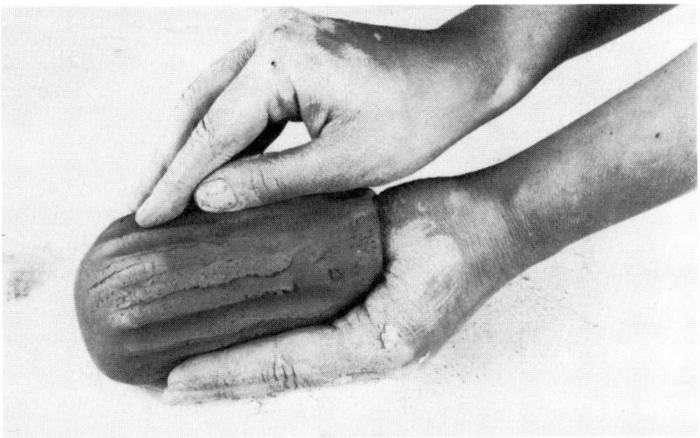

Die Tülle zieht man aus einer Kugel höher bis zur gewünschten Größe, formt sie mit vorsichtigem Druck von außen enger und glättet sie innen und außen.

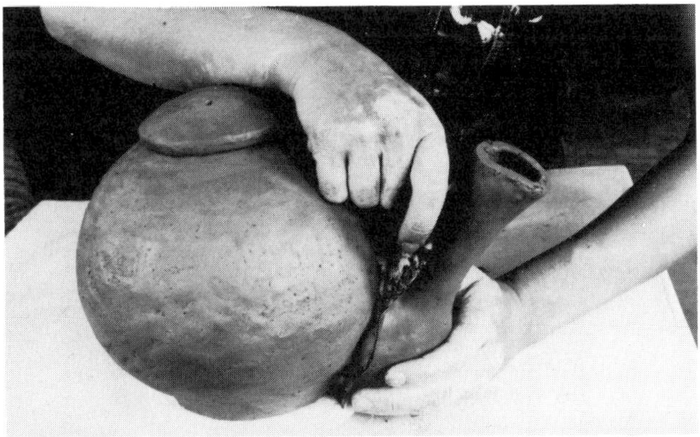

Hier wird die Tülle an den Ansatzpunkt gehalten und ein erstes Mal zugeschnitten.

Die Stelle, welche sich für das Anbringen der Tülle besonders gut eignet, ergibt sich oft von selbst, z. B. durch eine Unregelmäßigkeit in der gebauten Kugel.

Jetzt können Sie nochmal überflüssigen Ton am Tüllenboden abschneiden. Messen Sie nach, bevor Sie das entsprechende Loch in die Kannenwand schneiden.

Nachdem das Kannenloch geschnitten, geritzt und eingeschlickert ist, lassen Sie die Montagestellen etwas antrocknen und setzen in der Zwischenzeit den Henkel an, wie im Kapitel »Krug« beschrieben.

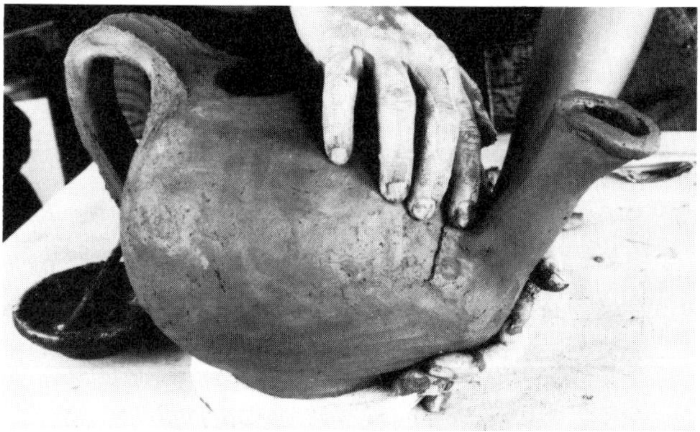

Die vorbereitete Tülle wird nun aufgedrückt, gut verstrichen und versäubert. Henkel und Tülle müssen extra mit Folie umwickelt werden, da sie schneller trocknen und leicht reißen.

Aus sechs gleich großen Tonkugeln können Sie jetzt noch passende Teeschalen herstellen, eventuell auch ein Milchkännchen und eine Zuckerdose.

2

Das Glasieren

Einleitung
Funktion
Was ist eine Glasur?

Glasuren geben dem gebrannten Ton eine glatte Oberfläche, die leicht zu reinigen ist. Glasuren verschönern und unterstreichen durch Farbe und Oberflächenbeschaffenheit die Form und geben dem Gefäß seinen unverwechselbaren Ausdruck.

Das Glasieren von Keramiken ist ebenfalls nötig, um nicht dichtgebrannte Teile wasserundurchlässig zu machen.

Zusammensetzung

Glasuren können durchsichtig oder deckend, glatt oder rauh, farblos oder mehrfarbig sein. Sie bestehen aus Kombinationen quarzhaltiger Stoffe, wie Feldspat, Quarzsand, Kreide und färbenden Metalloxyden. Häufig sind diese *Rohstoffe durch ihre natürliche Herkunft* leicht verunreinigt, so daß von daher schon eine geringfügige Färbung entsteht. Ein Grundstoff für Glasuren – Feldspat – ist fast farblos, wirkt jedoch bei dickem Auftrag weiß.

Glasurrohstoffe werden abgebaut, gereinigt, gemahlen und gesiebt und kommen als feines Pulver auf den Markt. Andere Stoffe, z. B. die Farbkörper, werden auf chemischem Wege hergestellt.

Aufbereitung

Die feinpulverigen Rohstoffe werden *nach Rezepten* genau abgewogen, in Wasser eingestreut und gut vermengt. Das Mischen erfolgt durch Mahlen in einer Glasurmühle, durch Rühren mit Farbquirl und Bohrmaschine oder dadurch, daß der Glasurbrei mehrfach durch ein feines Sieb gegeben wird.

Färbung

Färbende Stoffe in Glasuren sind Oxyde, wie Eisen-, Chrom-, Kupfer-, Kobalt-, Manganoxyd usw, die in geringen Mengen einer meist neutralen Grundglasur zugefügt werden. Als pulvrige Stoffe und in Wasser gelöst haben diese Stoffe noch nicht die Farbe, die sie nach dem Brand, im ausgeschmolzenen Zustand zeigen. Chrom und Kobalt nennt man »die Scharffeuerfarben«, weil sie ihre grüne und blaue Farbe auch bei hohen Temperaturen behalten.

Temperaturen

Im niedrigen Temperaturbereich stehen viele färbende Stoffe zur Verfügung. Für den mittleren Temperaturbereich, also um 1100 °C, gibt es Farbkörper zu kaufen, die bereits fertig aufbereitete Mischungen von Oxyden darstellen, sowie Farkonzentrate und Malfarben, die über und unter den Glasuren aufzutragen sind. (Achten Sie auf die Gebrauchsanweisung!)

Gesundheit schützen

Denken Sie sowohl beim Arbeiten mit Glasuren als auch beim Probenmachen an ihre *Gesundheit!* Viele Stoffe im keramischen Bereich sind gesundheitsschädlich. Es handelt sich dabei nicht nur um Bleiverbindungen, sondern auch um krebserregende Stoffe, wie z. B. Nickel, das Herzgift Barium oder Cadmium, Selen und viele andere. Die schädigende Wirkung macht sich oft nicht gleich bemerkbar und ist von daher besonders tückisch.

Ein paar Tips aus der Praxis:

Glasuren sollten nur gespritzt werden, wenn eine Absauganlage zur Verfügung steht. Vermeiden Sie auch das Einatmen von Staub. Es ist gut, beim Umgang mit staubigen Stoffen einen Mund-Nasenschutz umzubinden und Glasurrohstoffe immer naß zu sieben. Arbeiten Sie mit Gummihandschuhen und waschen Sie sich nach der Arbeit gründlich die Hände. Manche Stoffe wie z. B. Aschen und Phosphate greifen die Haut der Hände an.

Bei der Arbeit mit Glasuren gilt deshalb:
Nicht essen! Nicht trinken! Nicht rauchen!

Die Glasuren und Rohstoffe müssen sicher vor Kindern aufbewahrt werden! Achten Sie besonders bei Gefäßen für Lebensmittel auf die Hinweise der Hersteller: *»Bleifrei,* geeignet für Geschirr« o. ä.

Klebemittel

Jetzt können auch *Klebemittel* wie Dextrin oder Tapetenkleister zugesetzt werden, die verhindern, daß sich die Glasur beim Anfassen der Töpfe abgreift. *Stellmittel* wie Bentonit verlangsamen das Absetzen der Glasur im Eimer. Bei Glasuren, die bereits Tonmehl enthalten, sind diese Zusätze nicht notwendig.

Versuche

Die Glasuren werden in *Versuchsreihen* ausgetestet. Dabei wird neben der Farbbezeichnung auch die optimale Brenntemperatur zugeordnet.

In diesem Buch werden die einfachsten Glasiertechniken gezeigt wie Tauchen, Gießen und Spritzen. Die verwendeten keramischen Stücke wurden bei ca. 900 °C vorgebrannt (Schrühbrand). Durch diesen ersten Brand wird erreicht, daß der Ton hart wird und sich nicht mehr in Wasser löst.

Glasurbrand

Im zweiten Brand, dem *Glatt-, bzw. Glasurbrand,* beginnt die Glasur mit zunehmender Temperatur zu schmelzen, wird zuerst weich, dann ganz flüssig und verbindet sich fest mit dem Tonscherben. Wenn der Ofen nach Erreichen der Endtemperatur abgeschaltet wird, so wird die Glasur zäh, bildet eine Haut und erstarrt schließlich ganz.

Glasuren, die heruntergelaufen sind, wurden entweder zu heiß gebrannt, waren zu dick glasiert, oder stimmen nicht in ihrer Zusammensetzung. Die Ausnahme von dieser Regel bilden Lauf- und Kristallglasuren, die im Brand laufen müssen, um ihren typischen Charakter zu zeigen.

Fertigglasuren

Im keramischen Fachhandel gibt es eine große Anzahl von Glasuren für unterschiedliche Temperaturbereiche. Diese *Fertigglasuren* sind als Pulver abgepackt erhältlich und nur noch mit Wasser anzusetzen. Auch Fertigglasuren sollten Sie auf Ihrem Ton ausprobieren, um das Zusammenspiel von Ton, Farbe und Glasurcharakter zu sehen.

Überlegen Sie sich, bevor Sie mit der Arbeit beginnen, welchen Ton Sie nehmen wollen, wie hoch, d. h. wie heiß gebrannt wird und welche Glasuren dann möglich sind.

Eine sehr interessante Aufgabe, die einiges an Zeit und Geduld erfordert, ist, Glasuren nach Rezepten aus Büchern oder nach eigenen Versuchen anzusetzen. Etwas weniger aufwendig ist der Kauf einer hellen Fertigglasur, um erste Einfärbungsversuche mit Metalloxyden zu machen.

Glasurproben

Zum Testen einer neuen Glasur oder einer ganzen Reihe von Glasurproben bedient man sich kleiner, handlicher, platzsparender *Probekörper.* Plättchen, Ringe, Zylinder etc. eignen sich gut, um eine Probe zu glasieren. Man kann sie stehend in den Ofen einbauen und so Fließverhalten, Farbe und Oberfläche einer Glasur testen. Probekörper sollen aus dem gleichen Ton sein, aus dem die Keramiken geformt werden, denn nur so kann die Wechselwirkung von Ton und Glasur beurteilt werden. Es ist günstig, sich für eine Form Probekörper zu entscheiden und einen Vorrat davon anzulegen.

Probemengen

Die abgewogenen Probemengen müssen gut vermischt und anschließend gesiebt werden. Um die feinen Stoffe wieder in die vorbereiteten Becher einzufüllen, ist ein Blatt festes, glattes Papier am günstigsten.

Gröbere Körner müssen mit einem Löffel zerrieben oder mit einem *Mörser* vermahlen werden. Wenn alle Proben gesiebt sind, füllt man gerade soviel Wasser in die Becher, daß eine sahnige Konsistenz erreicht wird. Ist eine Probemenge zu dünnflüssig, läßt man sie absetzen und gießt das überschüssige Wasser einfach ab.

Die Probekörper werden mit einem feuchten Schwamm abgewischt und auf der Rückseite mit *Malfarbe* oder einem Unterglasurfarbstift wie die Becher beschriftet. Die Glasurproben werden kurz vor dem Auftragen durchgerührt und mit einem Pinsel, durch Beschütten oder Begießen glasiert; das untere Drittel der Probekörper muß frei bleiben, falls eine Glasur stark läuft.

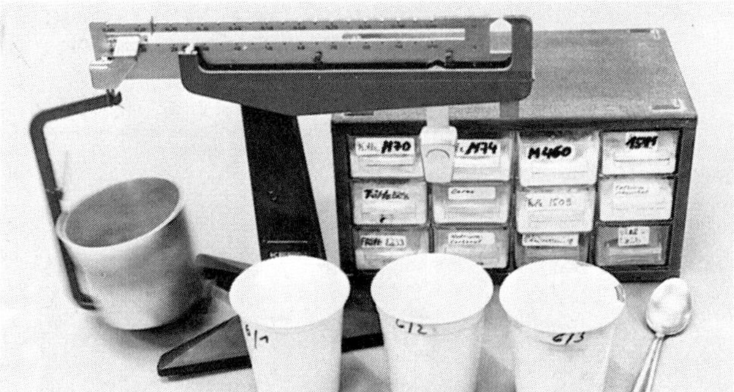

Wenn Sie eine Fertigglasur einfärben oder ein bestimmtes Rezept ausprobieren wollen, so wiegen Sie ca. 20 g ab. In Bechern angesetzt, reicht diese Menge um einige Versuchskörper zu glasieren.

Schichtdicke

Machen Sie mindestens zwei Versuche, einmal dünn, einmal dicker glasiert, damit Sie Rückschlüsse auf die Transparenz, Scherbenfarbe, Krakelee und Fließverhalten ziehen können und wissen, welcher Glasurauftrag Ihnen besser gefällt. Durch mehrfaches Beschütten oder Betupfen ist es möglich, auf einem Plättchen zwei bis drei verschiedene *Schichtdicken* zu testen. Die glasierten Probeplättchen müssen auf der Rückseite und auf der Standfläche abgewischt werden.

Streuen Sie Aluminiumoxyd dick auf die Einbauplatten oder engobieren Sie diese extradick!

Die Glasurproben werden stehend in den Ofen eingebaut, an Einbaustützen angelehnt etc. Nur so zeigt sich nach dem Brand, wie sich die Glasur auf einer Vasenform verhält. Versuche für Kacheln und Platten werden liegend gebrannt, ebenso für Kristallglasuren, die erst im völlig flüssigen Zustand ihren typischen Charakter entfalten. Brennen Sie Ihre

Segerkegel

Proben mit *Segerkegeln.* Aufheizgeschwindigkeit u. ä. sollen aufgezeichnet werden, nur so sind Ihre erfolgreichen Versuche zu wiederholen.

Achten Sie beim Abwiegen, Sieben und Glasieren auf peinliche Sauberkeit. Vor allem bei stark färbenden Stoffen wie Kobalt, muß der Pinsel immer wieder gründlich ausgewaschen werden, sonst sind alle folgenden Proben später blaustichig. Vergessen Sie nicht beim Sieben eine *Staubmaske* aufzusetzen!

Die Becher mit den Proben werden, bis Ergebnisse vorliegen, aufbewahrt.

Wiegen

Die einzelnen Rohstoffe für die Glasur müssen nach Rezept abgewogen werden, die Genauigkeit einer *Küchenwaage* ist ausreichend dafür. Die färbenden Stoffe werden zum Schluß gewogen und mit extra Löffeln einzeln auf die Waage gegeben, um Vermischungen zu vermeiden. Die Glasuren werden trocken grob gemischt und dann in einen Eimer mit Wasser eingestreut. Das Verhältnis Wasser zu Trockenmasse soll je nach gewünschter Auftragstärke der Glasur etwa 1 : 1 betragen. Vergessen Sie nicht, bei diesen Arbeiten eine Staubmaske zu tragen!

Größere Mengen Glasur sollen niemals trocken gesiebt werden. Gießen Sie den Glasurbrei durch ein feinmaschiges Sieb, um die färbenden Oxyde gleichmäßig zu verteilen.

Stellmittel

Glasuren, die sich im Eimer hart absetzen, erhalten jetzt einen geringen Zusatz an *Stellmittel;* dieser kann je nach Glasur von 0,5–2 % variieren. Dasselbe gilt für Kleber, die verhindern, daß sich die pudrige, getrocknete Glasur beim Anfassen der Gefäße abgreift. Als *Klebestoffe* können *Kleister, Dextrin* o. ä. verwendet werden. Sind in einer Glasur größere Mengen an Ton oder anderen aufschlämmenden Stoffen enthalten, sind beide Zusätze überflüssig.

Von einer frisch angesetzten Glasur sollte immer erst eine Probe glasiert und gebrannt werden, um sicher zu sein, daß kein *Fehler beim Wiegen* unterlaufen ist.

Wiegefehler lassen sich leider oft nicht mehr feststellen und ausgleichen, und es bleibt nur noch die Möglichkeit, die Glasur mit anderen Resten zu einer Restglasur zu mischen.

Auch durch Rühren mit Rührbesen oder Farbquirl, der per Bohrmaschine angetrieben wird, erreichen Sie eine gute Vermischung.

Aufrühren

Bei angesetzten Glasuren, die über längere Zeit unbenutzt im Eimer stehen, setzen sich die schwereren Glasurbestandteile am Boden ab. Deshalb ist es notwendig, das Gemisch vor jedem Glasieren gründlich aufzurühren. Wenn dies nicht oder nur unvollständig geschieht, werden nach dem Glasieren nicht alle zur Glasur gehörenden Stoffe im Glasurauftrag enthalten sein. Sie erhalten so ein gänzlich anderes Ergebnis als aus Ihren Versuchen zu erkennen war.

Zum Aufrühren der Glasuren eignet sich ein Rührbesen oder ein Farbquirl, der mit einer regulierbaren Bohrmaschine angetrieben wird. Vorsicht bei Plastikeimern – sie könnten durch den Rührvorsatz beschädigt werden.

Säubern

Die geschrühten Stücke müssen für das Glasieren vorbereitet werden. Um die Glasur gut annehmen zu können, müssen sie durch *Schmirgeln* sauber geglättet, trocken, staub- und *fettfrei* sein. Wenn Sie versehentlich ein Stück mit cremigen, fettigen Händen angefaßt haben, muß es noch einmal geschrüht werden, damit das Fett völlig ausgebrannt wird. Der Scherben nimmt an diesen Stellen keine Glasur an, und es kommt im Brand zum *Abrollen* des Glasurauftrags.

Manche Glasuren neigen dazu, von dem frisch glasierten Gefäß abzublättern oder rissig zu werden. Dies hängt oft mit der Konsistenz der Glasur oder mit der Wandstärke der Keramik zusammen. Klebemittel in der Glasur wirken dem entgegen.

Sammeln Sie die Reste Ihrer Proben und Eimer als *Resteglasur* und stellen Sie dafür eine Extraschüssel bereit.

Haben Sie eine größere Menge Reste gesammelt, werden diese, wie schon beschrieben, aufbereitet und auf einem Probekörper gebrannt. Oft ergeben diese Glasurreste schöne Glasuren, zumindest sind sie als *Innenglasuren* gut zu verwenden.

Werkzeug

Die auf den folgenden Fotos abgebildeten Werkzeuge und Hilfsmittel sind zum Teil dem Haushalt entnommen. Diese Arbeitsgeräte, z. B. Schöpflöffel, Rührer, Schüssel usw. dürfen natürlich dann nicht mehr für Lebensmittel verwendet werden. Sämtliche Werkzeuge, die mit Glasuren in Berührung kommen, insbesondere die Mal- und Dekorationsutensilien, sollten nach jedem Gebrauch sauber ausgewaschen werden. Dies wird besonders deutlich, wenn Sie eisen- und kobalthaltige Glasuren bzw. Engoben verwenden.

Solche Oxide können schon in ganz geringen Mengen andere Glasuren verfärben. Auf die Sauberkeit von Schwämmen und Pinseln ist in diesem Zusammenhang ebenfalls Wert zu legen.

Schüsseln, Gießer und Schöpflöffel sind die wichtigsten Geräte, die sie zum Glasieren brauchen. Das Einfüllen der Glasur in enghalsige Gefäße ist am einfachsten mit einem Trichter.

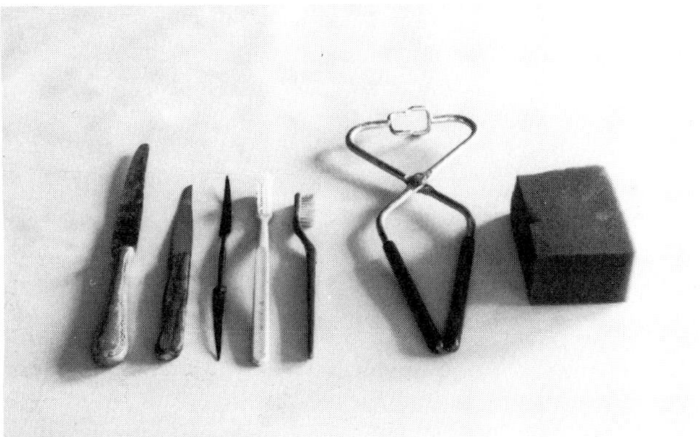

Mit einer *Glasurzange* zum Anfassen kleiner Gefäße, einem Schwamm, einigen alten Zahnbürsten und Messern zum Versäubern ist Ihre Grundausstattung zum Glasieren komplett.

Zum *Begießen* größerer Stücke brauchen sie zwei Leisten, verschiedene Stützen, wie z. B. eine wassergefüllte Flasche.

Verschiedene *Pinsel,* die Sie zurechtschneiden können, oder auch ein Malhörnchen brauchen Sie für die Dekortechniken.

Auf einer abwaschbaren Unterlage werden die verschiedenen Pinselstriche erst einmal ausprobiert.

Glasieren

Der Arbeitsplatz zum Glasieren sollte leicht sauber zu halten sein. Achten Sie darauf, daß weder Nahrungsmittel, Getränke, noch Eßgeschirr in der Nähe stehen. Legen Sie alles, was Sie zum Glasieren benötigen, in Reichweite zurecht, und sorgen Sie für ausreichend frisches Wasser zum Hände abspülen und Schwamm auswaschen. Die glasierten Arbeiten dürfen erst nach dem Trocknen wieder angefaßt und versäubert werden. Damit die frisch glasierten Teile nicht öfter als unbedingt erforderlich angefaßt werden müssen, stellt man sie auf ein *sauberes Brett.* Auf einem solchen Brett können die glasierten Arbeiten auch später zum Ofen getragen werden.

Tauchen

Das Tauchen von kleineren Gefäßen ist die einfachste Art, in einem Arbeitsgang gleichmäßig zu glasieren. Das Aufpinseln von Glasur hinterläßt immer Streichspuren, die nicht sehr schön aussehen und im Brand nicht immer zu einer ebenmäßigen Fläche verschmelzen. Weniger geeignet für die Technik des Tauchens sind dünnwandige Gefäße, die dicker glasiert werden sollen und unhandlich schwere Stücke, die man im frisch glasierten Zustand kaum mehr halten kann. Große Gefäße werden erst innen glasiert.

Bei allen Glasiertechniken ist das Säubern der Standflächen besonders wichtig. Die Gefäße würden sonst an den Einbauplatten des Brennofens festkleben. Nehmen Sie deshalb die Glasur am Boden oder am Fußrand ab. Das geht am besten mit einem Messer oder einem schmalen Spachtel, anschließend wird mit einem feuchten Schwamm nachgewischt.

Gefäße mit Fuß taucht man am besten, indem man sie *mit drei Fingern am Fuß* greift und schräg in die aufgerührte Glasur taucht.

Eine weitere Möglichkeit ist, Tassen o.ä. *an Rand und Fuß zu greifen* und in die Glasur zu tauchen. Die Fingerspuren werden später ausgebessert.

Das Glasieren mit einer *Glasierzange* ist ebenfalls einfach. Die Eindrücke der Zange sind unauffälliger als die der Fingerkuppen und daher leichter auszubessern.

Mit einer langsamen *Drehbewegung* wird nun die Glasur rundum geschwenkt und dann ausgegossen. Nach Möglichkeit soll dabei der Rand schon mitglasiert sein.

Das Gefäß wird mit *drei Fingern* am Fuß gefaßt und in die Glasur getaucht.

Zum Außenglasieren können Sie ein Gefäß auch mit *beiden Händen* innen fassen und bis zum Rand eintauchen.

Nehmen Sie das Gefäß nach einigen Sekunden heraus und lassen Sie die *Glasur abtropfen.* Bei dieser Methode muß anschließend die Standfläche des Stückes von Glasur gereinigt werden.

Solange die Glasur noch etwas feucht ist, kann der Rand *noch einmal getaucht werden.*

Nach dem Trocknen verreibt man vorsichtig *kleine Poren,* die durch Luftbläschen entstanden sind.

Wollen Sie den *Fußinnenraum* glasieren, so gießen Sie etwas Glasur in diesen Bereich und verteilen diese gleichmäßig mit einem Pinsel.

Gießen

Die Technik des Gießens eignet sich für große Stücke, die sich nicht in einen Eimer tauchen lassen oder zu unhandlich sind.
Die Gefäße müssen erst innen glasiert werden. Dazu gießt man sie bis zu ⅔ voll Glasur, schwenkt den Innenraum langsam aus, damit die Flüssigkeit genügend Zeit hat in den Scherben zu dringen, der Rest wird möglichst ohne Laufspuren in die Schüssel zurückgegossen. Die Dauer des Trocknens hängt von der Stärke der Wandung ab. Der Scherben muß ganz trocken sein, bevor außen glasiert wird, damit er wieder die Feuchtigkeit der Außenglasur aufnehmen kann. Wird in rascher Folgen außen und innen glasiert, so kann es geschehen, daß der Glasurauftrag beim Trocknen oder später beim Brennen abplatzt.

Trocknen

Nach dem Trocknen kann das Gefäß wie üblich versäubert werden.
Eine Ausnahme von dieser Regel bilden dickwandige Gefäße, die mehr Feuchtigkeit aufnehmen können. Mit einiger Übung wird es Ihnen bald gelingen, die Stücke fast ohne Gießspuren gleichmäßig zu glasieren. Auch wird die Fertigkeit zunehmen, diese Gießspuren zu beseitigen, so daß man sie nach dem Glattbrand nicht mehr sieht.

Ausbessern

Für außen abgelaufene Glasur gibt es eine saubere Möglichkeit des Ausbesserns. Warten Sie nicht ab, bis die Glasur gänzlich getrocknet ist, sondern entfernen Sie die Spur im halbfeuchten Zustand und verreiben Sie mit der Fingerspitze die Unebenheiten. Auch ausgebrochene Ränder lassen sich auf diese Art nacharbeiten.

Schütten Sie die übrige Glasur in den Eimer zurück. Durch zu dicke Innenglasuren werden die Töpfe unnötig schwer, und die Glasur kann im Brand blasig aufkochen.

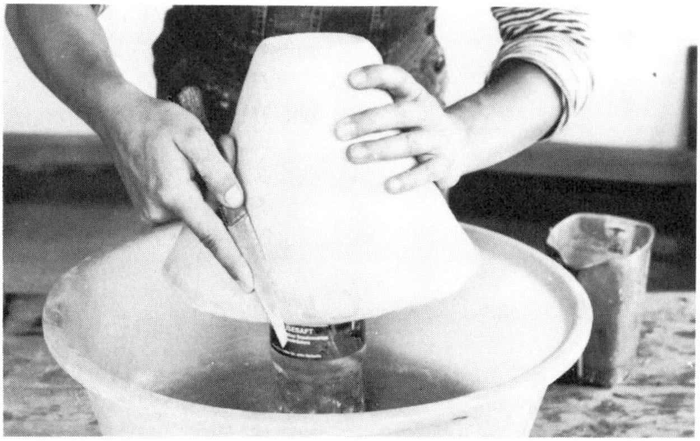

Die Außenseite des Gefäßes wird versäubert und der *Rand* mit dem Messer *angeschrägt.*

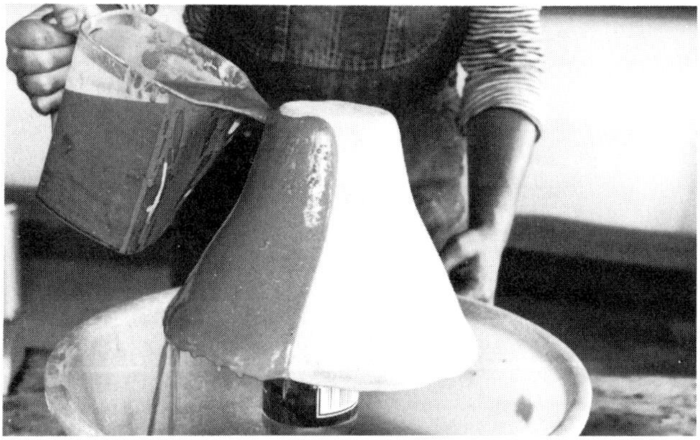

Stellen Sie eine Schüssel und eine mit Wasser gefüllte Flasche auf die Ränderscheibe. Das Stück wird umgedreht, über die Flasche gehängt und unter laufendem Drehen mit Glasur beschüttet.

Die *Tropfen am Gefäßrand* können, während die Ränderscheibe gedreht wird, mit einem Finger oder einem Pinsel verteilt werden.

Vasen mit enger Öffnung werden umgekehrt auf *Leisten* gestellt. Die eingezogene Halspartie taucht man vorher bis zu den Schultern in Glasur. Damit wird erreicht, daß sich die Glasur überall gleichmäßig verteilt.

Während Sie gießen, halten Sie die Vase fest. Wenn die Standfläche schon sauber bleibt, erspart man sich das spätere *Bodenversäubern.*

Gefäße, die man nicht auf Leisten stellen kann oder die man nur teilweise mit Glasur dekorieren will, kann man auch mit einer Hand festhalten und *begießen.*

Spritzen

Das Spritzen von Glasuren ist eine Technik, die sich in erster Linie für Glasuren eignet, welche dünn oder mit wechselnder Schichtdecke aufgetragen werden sollen. Auch bei besonders großen Gefäßen oder Platten und Kacheln benutzt man diese Methode des Glasurauftrags. Glasuren werden aufgespritzt, um weiche Schattierungen zu erreichen oder einen gleichmäßig-dünnen Überzug andersfarbiger Glasur.

Zum Spritzen von Glasuren kann man auf die im Fachhandel angebotenen *Glasurspritzgeräte* zurückgreifen. Diese bestehen aus Sprühkopf, angeschraubtem Glasbehälter für die Glasuren und einer auswechselbaren Treibgaspatrone.

Ränderscheibe

Die innenglasierten Stücke werden umgekehrt auf eine Ränderscheibe gestellt und im unteren Breich überspritzt. Die Standfläche wird versäubert und das Stück gedreht.

Um die Glasur gleichmäßig aufzutragen, spritzen Sie zuerst horizontal, dann diagonal unter stetigem Drehen der Ränderscheibe. Wenn Tropfen und Laufspuren entstehen, wurde die Glasur an dieser Stelle zu dick aufgespritzt, der Scherben konnte die Feuchtigkeit der Glasur nicht rasch genug aufnehmen. Fassen Sie gespritzte Arbeiten, deren aufgetragene Glasuren nicht stark geleimt sind, nicht mehr mit bloßen Händen an, sondern legen Sie dünne Plastikfolie zwischen glasierte Oberfläche und Hände.

Das Einatmen feiner Glasurbestandteile ist gesundheitsschädlich. Spritzen Sie also im Freien oder benutzen Sie eine *Absauganlage.* In jedem Fall sollten Sie eine *Staubmaske* tragen!

Für die Fotos in diesem Buch wurde eine Anlage benutzt, die aus *Kompressor,* Absaugvorrichtung und Spritzpistole besteht. Bei einer solchen Pistole kann die Form des Strahls eingestellt werden.

Effekte

In diesem Kapitel wird auf die verschiedenen Möglichkeiten des Gestaltens mit Glasur eingegangen. Aufbauend auf den Grundtechniken, bietet sich in diesem Bereich ein weites Feld für Ihre Kreativität. Einige Zufallsergebnisse, die Ihnen gefallen, sind vielleicht so schon entstanden, und Sie können dieser Erfahrungen für weitere Effekte nutzen. Schöne Glasurergebnisse erzielen sie mit Doppelglasuren, verschiedenen Ausspartechniken oder mit einfachen Bemalungen. Die Engobetechnik ist zeitaufwendig, weil Proben angefertigt werden sollten.
Ebenso erfordert das Üben mit den verschiedenen Pinseln und Malhörnchen viel Zeit und Geduld, um die nötige Sicherheit beim Auftragen des Motivs zu erlangen.

Wenn Sie unglasierte Stücke nur teilweise tauchen, entstehen glasierte und unglasierte Bereiche, *Streifen und Flächen.*

Bei rundlichen Stücken entstehen durch partielles Tauchen *Glasurbacken.* Das wirkt recht interessant, wenn ein bereits glasiertes Stück in andersfarbige Glasur gestippt wird.

Glasuren, welche dick aufgetragen anders aussehen als dünn glasiert, eignen sich für spielerische Experimente mit der *Schichtdicke.*

Es ist auch möglich, zwei oder mehrere *Glasuren übereinander* zu legen.
Jeder neue Glasurauftrag wird erst dann glasiert, wenn der vorangegangene matt aber noch nicht trocken ist.

In flachen Schalen und Tellern können *schwungvolle Glasurbilder* entstehen. Die Glasur wird mit einer kurzen Drehung oder einem Schwenker in der Schale verteilt.

Auskratzen

Eine Möglichkeit, die Oberfläche eines Gefäßes zu gestalten ist, bei einem glasierten Stück teilweise Glasur auszukratzen und die freien Felder mit andersfarbiger Glasur auszufüllen. Bleiben Teile des Scherbens nach dem Auskratzen frei von Glasur, so kann dies ein gewollter Gestaltungseffekt sein, hat jedoch zur Folge, daß das Gefäß eventuell nicht mehr wasserdicht ist.

Schablone

Durch eingelegte *Schablonen* bleiben Bereiche des Scherbens frei von Glasur. Bei dieser Ausspartechnik muß die Glasur aufgespritzt werden. Organische Einlagen wie Blätter, Blüten usw. werden für den Glattbrand nicht entfernt, da mineralische Stoffe der Pflanzen in der Glasur Farbeffekte hervorrufen können.

Schablonen aus Papier oder anderen leichten Materialien werden mit Kleister fixiert und vor dem Glattbrand entfernt.

Mit *Klebestreifen* und Folie können Sie Muster schneiden und Ihre Keramiken bekleben. Anschließend ist es bei dieser Technik möglich, die Stücke zu tauchen oder zu begießen. Vor dem Glattbrand werden die aufgeklebten Teile vorsichtig entfernt.

Wachsausspartechnik

Eine weitere Glasurausspartechnik ist das Auftragen von flüssigem Wachs.

Mit heißem Wachs wird auf den Scherben gemalt oder man deckt ganze Bereiche ab und glasiert anschließend. Die Gefäße nehmen an den wachsigen Stellen keine Glasur an und zeigen nach dem Brand die unglasierte Scherbenfarbe.

Bei der *Wachsausspartechnik* können Glasuren durch Tauchen, Schütten oder Spritzen aufgetragen werden. Glasurtropfen die auf dem Wachs stehen geblieben sind, läßt man trocknen und entfernt sie anschließend. Glasurreste die nicht entfernt werden, schmelzen im Brand und stören das Dekor.

Mit einem *Tjanting* (ein Batikwerkzeug) kann auch mit Wachs gemalt und ornamental gearbeitet werden. Das Wachs muß dazu sehr heiß sein.

Gefäße, deren Rand oder *Fuß in heißes Wachs* getaucht werden, bleiben frei von Glasur und brauchen nicht versäubert werden.

Engobe

Engoben sind *fein geschlämmte Tone,* die ähnlich wie Glasuren angesetzt werden. Sie werden dünn auf ungeschrühte oder geschrühte Gefäße aufgetragen.
Früher wurden farbige Tone, die zum Bemalen weniger geeignet waren, hell engobiert, um den Glasuren und Dekoren einen schöneren Untergrund zu geben. Auf diese Weise wurde der Ton preiswert optisch veredelt. Typisch sind die farbigen Engobemalereien unter farblosen Glasuren. Mehrere farbige Engobeschichten können übereinandergelegt werden.
Engoben, auf lederharten Ton aufgetragen, lassen sich mit glatten, harten Gegenständen, wie z. B. der Rückseite eines Löffels, polieren. Die Oberfläche wird glatt, glänzend und relativ dicht.

Heute werden Engoben häufig mit Metalloxiden eingefärbt, um spezielle Farbwirkungen zu erzielen. Die Bestandteile einer Engobe, wie Tonmehl, Farboxyd und z. B. Feldspat als Flußmittel werden abgewogen, mit Wasser glattgerührt und gesiebt.

Wollen Sie mit *Engoben* arbeiten, testen sie diese auf Proben, bevor Sie sie verwenden.

Farbige Engoben werden oft auch *naß in naß* aufgetragen und ineinandergezogen, z. B. mit einer Gabel. Diese Technik nennt man auch »Marmorieren«.

Das klassische Werkzeug für die Engobemalerei ist das *Malhörnchen*. Je nach Konsistenz der aufgezogenen Flüssigkeit und dem Druck auf das Bällchen, läßt sich der Strich variieren.

Gemalte *Engobedekore* werden mit einer transparenten Glasur überglasiert, um das Motiv sichtbar zu erhalten.

Maltechniken

Bei gemalten Dekoren unterscheidet man grundsätzlich drei verschiedene Techniken:

- Unterglasurmalerei
- Inglasurmalerei
- Aufglasurmalerei

Diese Unterscheidung ergibt sich nicht nur aus der unterschiedlichen Art des Auftrages, sondern auch aus der Einbrenn-, oder Glattbrandtemperatur der dekorierten Keramiken.

Unterglasurmalerei

Bei der *Unterglasurmalerei* wird mit bestimmten Farben auf den geschrühten Scherben oder auf den noch rohen Ton gemalt und anschließend mit einer durchsichtigen oder halbdurchsichtigen Glasur überglasiert.
Dekorfarben und Überglasur werden in einem Brennvorgang und einer Ausschmelztemperatur glatt gebrannt. Unterglasurmalerei findet Verwendung bei Irdenware, Steingut, Steinzeug und Porzellan, allerdings ist im höheren Temperaturbereich die zur Verfügung stehende Farbpalette eingeschränkt. Unterglasurfarben gibt es als fertigen Malkasten und als Farbstiftsortiment im Fachhandel zu kaufen. Machen Sie einen Versuch auf einer Probeplatte oder auf einem Probestück mit den verschiedenen Farben und versuchen Sie mehrere Überglasuren. Die Bemalung darf nicht durch das Überglasieren verwischt werden, ein Zusatz von Kleber verhindert das Verlaufen und die Konturen bleiben scharf.

Inglasurmalerei

Inglasurmalerei nennt man die Dekortechnik, bei der die Bemalung auf die glasierte Keramik aufgetragen wird. Bereits beim Malen ziehen die färbenden Stoffe in die weiche, pudrige Glasur ein und verbinden sich fest und unkorrigierbar mit dem Untergrund.
Fayence und Majolika sind typische Inglasurmalereien; auf farbigen Ton wird eine helle Glasur aufgebracht, und in diesen Untergrund mit speziellen Dekorfarben gemalt. Auch hier sollten Versuche mit Farben und Glasuren gemacht werden, um die Wirkung zu testen.

Testen Sie die Farben mit der *Glasur,* die verwendet werden soll, damit sie sehen, wie diese miteinander reagieren.

Eine der einfachsten gemalten Dekorationen ist ein *Glasurwischer.* Mit einem breiten Pinsel wird ein farbiger, schwungvoller Streifen über das Gefäß gezogen.

Eine weitere Möglichkeit ist das *Betupfen* von Gefäßen mit einem in Farbe getauchten *Schwamm.*

Mit Hilfe der *Ränderscheibe* kann man Ränder farbig absetzen und betonen. Auch spiralförmige Muster sind damit leichter zu verwirklichen.

Sollen Gefäße für spezielle Dekore in gleiche Flächen geteilt werden, versieht man die Ränderscheibe mit entsprechenden *Hilfslinien.*

Glasierte und gebrannte Stücke können mit *Aufglasurfarben* bemalt werden. Beachten Sie bei diesen Fertigfarben die Verarbeitungshinweise und die unterschiedlichen Einbrenntemperaturen!

Aufglasurmalerei

Bei der Technik der *Aufglasurmalerei* müssen die Keramiken zuerst mit einer entsprechenden Glasur glatt gebrannt werden. Danach werden sie mit speziellen Aufglasurfarben bemalt. Diese Dekorfarben, die es im Handel in kleinen Tüten, als Farbkasten oder in Tuben zu kaufen gibt, rührt man mit Dicköl, Nelkenöl oder einem anderen Haftmittel an, damit sie auf der glattgebrannten Oberfläche der Glasur haften.

Die Dekorfarben werden bei Temperaturen, die niedriger als die Glattbrandtemperatur der Unterglasur liegen, aufgeschmolzen und verbinden sich fest mit dem Untergrund. Oft ist mehrfaches Einbrennen verschiedener Farben bei immer niedrigeren Temperaturen erforderlich, um ein bestimmtes Dekor zu vervollständigen. Goldränder und andere Edelmetalldekore werden im letzten Arbeitsgang bei 600 °C bis 700 °C eingebrannt. Poliergold muß danach noch poliert werden.

Gold

Aufglasurfarben werden außer für die freie Bemalung mit Pinseln in der Industrie und in den Manufakturen für Stempeldrucke und Siebdruckdekore verwendet. Abziehbilder, die mit allen Farbkomponenten ausgerüstet sind, müssen nur aufgelegt und eingebrannt werden.

Abziehbilder

Beim Arbeiten mit Aufglasurfarben ist es notwendig, sich genau an die Verarbeitungs-, vor allem Einbrennvorschriften zu halten. Zudem sollten Sie sparsam mit den teuren Materialien umgehen und sie gut aufbewahren, wenn Sie nicht oft mit Ihnen arbeiten.

Pinseltechnik

Machen Sie einen Entwurf und probieren Sie auf einer abwaschbaren Unterlage Pinselstärke, Pinselstrich und den Schwung Ihrer Hand aus. Üben Sie auch an stehenden Gefäßen, z. B. an einer Vase, die auf der Ränderscheibe steht und gut zu drehen ist und Ihnen ein Arbeit in Augenhöhe erlaubt.

Achten Sie auf gute Lichtverhältnisse beim Malen. Testen Sie die Farben, die Sie benutzen wollen, auf ihrer Unterglasur, und machen Sie Versuche, ob sie sich untereinander kombinieren lassen.

Viele Aufglasurfarben enthalten Bleiverbindungen; für Eßgeschirre usw. sind sie also nicht zu verwenden.

Nach Gebrauch sollten Pinsel und die übrigen Malutensilien gründlich in Terpentin und Brennspiritus gereinigt werden, um Farbreste zu entfernen. Dadurch vermeidet man ein Verkleben der feinen Pinselhaare.

Eine weitere interessante Technik ist, mit zwei oder mehreren Glasuren zu arbeiten, die auf- oder nebeneinander gegossen und mit einer Gabel oder einem Pinsel *ineinander* gezogen werden.

Hier wurden nacheinander zwei ziemlich dickflüssige Glasuren eingegossen. Diese Glasuren können jetzt ineinander gezogen, *geschwenkt* oder *marmoriert* werden.

Eine andere Möglichkeit ist, die nasse Glasur zu *verblasen.* Ein gutes Gerät für diese Variante ist das Malhörnchen oder auch eine Luftpumpe.

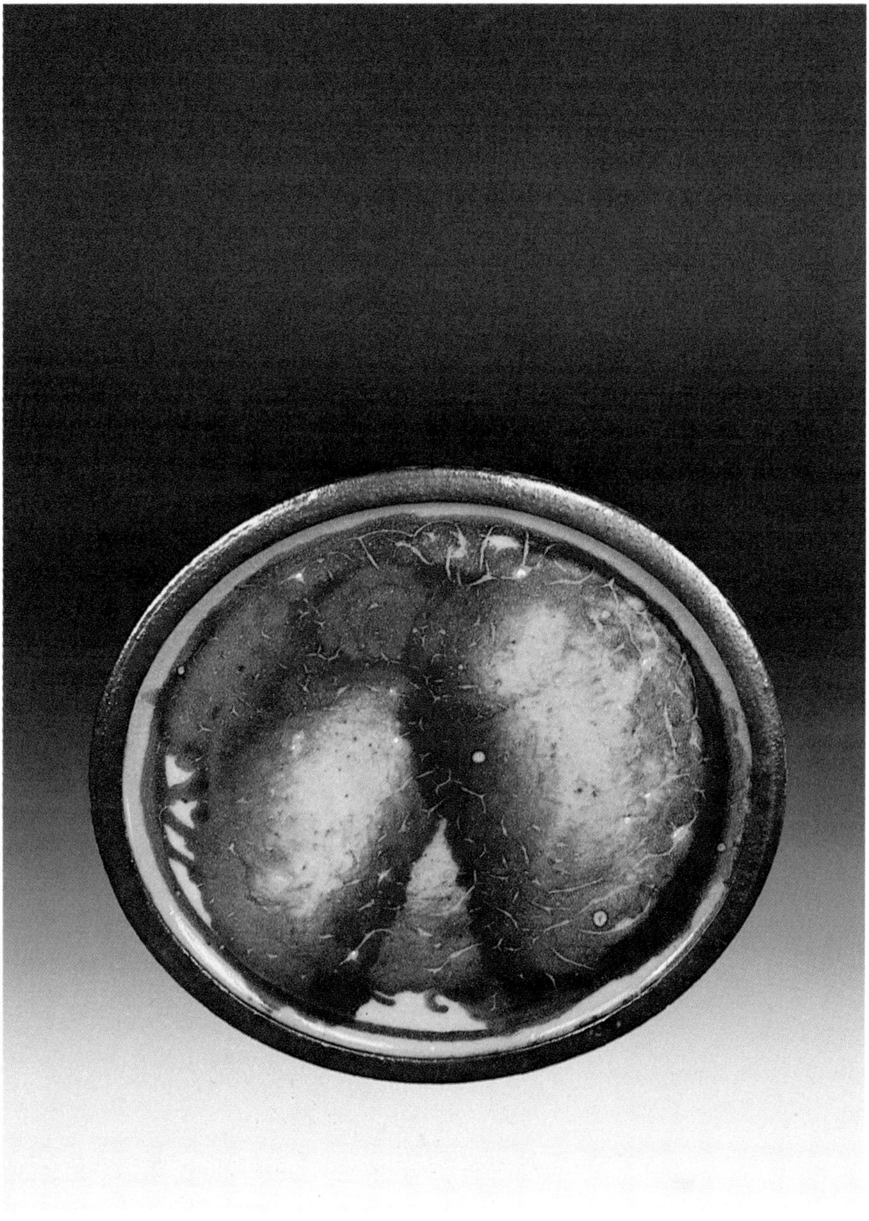

Ausbessern

Es lohnt sich durchaus, kleinere Glasurfehler auszubessern. Bei vereinzelten Glasurabrollern, an Kanten oder Flächen, bei aufgekochten Glasurbläschen oder bei einer Glasur, die insgesamt zu dünn aufgetragen wurde, können Sie ohne große Mühe den Fehler korrigieren.
Bei ganz überglasierten Gefäßen ist das Erhitzen im Backofen, das Überspritzen, zeitraubend, und oft sind die Spuren des Anfassens nach dem Brand dennoch zu sehen. Denken sie auch an die Energiekosten und entscheiden Sie dann, ob es bei einem nicht ganz perfekten Stück bleiben kann und Sie sich nur darauf beschränken wollen, die Ursache des Fehlers herauszufinden und es beim nächsten Glasieren und Brennen besser zu machen.

Das *Überglasieren* fehlerhafter Stücke, die noch einmal ganz glasiert werden sollen, gelingt besser mit einer geklebten Glasur.

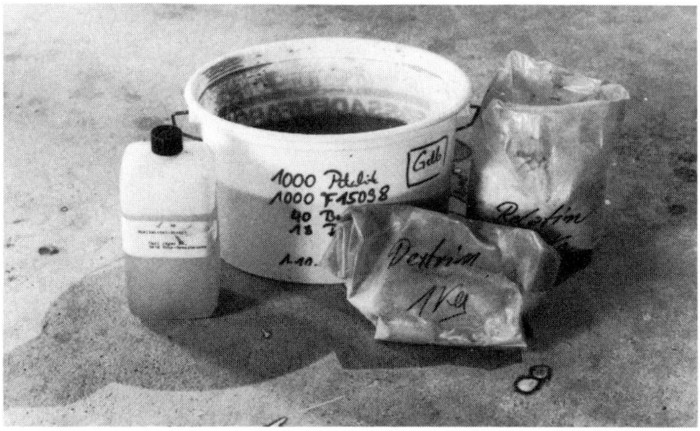

Keramische Kleber, wie Dextrin und Relatin, setzt man wie Tapetenkleister an. Sie verhindern, daß sich die Glasur beim Anfassen abgreift.

Mit Kleber versetzte Glasuren können auch gut zum *Ausbessern* von »Glasurabrollern« verwendet werden.

Das *Überspritzen* bereits gebrannter glasierter Stücke ist leichter, wenn Sie das Gefäß vorher im Backofen auf 100 °C erhitzen. Die Glasur haftet dann besser auf der glatten Fläche.

Einfach braunschwarze *Malfarbe* setzt man aus Ton, Kaolin und Manganoxid an. Zusätze wie Chrom und Kobalt intensivieren den Farbton und machen z. B. Schrift auch auf dunklem Ton gut lesbar.

3 Das Brennen

Einleitung

Die frühen Keramiken wurden auf offenem Feld in einfachen *Feuerstellen* gebrannt. Kochgeschirre, Krüge und Gefäße für die Vorratshaltung stellte man auf eine Schicht Brennmaterial. Je nach Gegend wurden Äste, Sträucher, Holz, Gras oder Dungfladen zwischen und auf die Ware gelegt und verbrannt.

Brennorte

Später begann man *Mulden in der Erde* auszuheben, um das Feuer zu schützen, länger in Gang zu halten und auf diese Weise höhere Temperaturen zu erzielen.
Die Menschen kamen darauf, das *Erdloch* mit Steinen auszukleiden, es abzudichten und die Öffnung nach oben hin mit einer Art Decke abzuschließen.

Öfen

Bei diesen ersten befestigten Öfen befand sich seitlich die Öffnung, durch die neues Material zum Feuern nachgeschoben werden konnte. Nach den Erfahrungen mit einem Schacht wurde die Methode differenzierter, die Feuerkammer wurde z. B. ganz von dem Brennraum getrennt. Mit diesen ursprünglichen Öfen wurden Temperaturen von 800 bis 900 °C erreicht.
Die Ofentypen wurden weiterentwickelt, die Feuerung tiefer gelegt und ausgefeilte Methoden entstanden; immer aus dem Grundgedanken, *höhere Temperaturen* zu erreichen

Brennstoffe

und an *Brennstoff sparen* zu können.
In Südamerika, Afrika und vielen anderen Kulturkreisen werden heute noch diese Brenntechniken angewandt, um die Gefäße des täglichen Gebrauchs herzustellen.
Bei uns werden die alten Methoden wieder benutzt.

Mit Humus, Holz und anderen organischen Substanzen werden Effekte erzielt, die in den modernen Elektroöfen nicht möglich sind.

Ofentypen

Die verschiedenen Ofentypen werden in erster Linie nach der Art ihrer Befeuerung (Brennmaterial) unterschieden:

- Holzöfen
- Gasöfen
- Kohleöfen
- Ölöfen
- Elektroöfen.

Ofenbau

Unabhängig vom Brennmaterial unterscheidet man weiterhin in zwei grundsätzliche Ofenbauprinzipien. Es gibt Öfen, in denen die Hitze direkt von der Brennkammer aus an der Ware vorbeizieht, aufsteigt und durch bestimmte Abzugsöffnungen den Ofen wieder verläßt. Diesen Ofentyp bezeichnet man als *oberzügigen.*

Ein anderes Ofenbauprinzip, welches die Hitzeentwicklung wesentlich besser nutzt, ist das *unterzügige.* Bei dieser Ofenkonstruktion steigen die in der Feuerung erzeugten heißen Ofengase an der Ware vorbei, werden an der Decke des Brennraumes umgelenkt und ziehen durch ein oder mehrere Abzugsöffnungen in der Ofensohle ab. Durch die Nutzung des unterzügigen Ofenbauprinzips lassen sich Brennkosten einsparen, Aufheizzeiten verkürzen und höhere Temperaturen erreichen.

Für Ofenkonstruktionen, in denen hohe Temperaturen erzeugt werden sollten, mußten Wände und Decken aus speziellen feuerfesten Materialien gemauert werden. *Elektrisch* beheizte Öfen haben einen festen Mantel aus Stahlblech und eine schwenkbare, festschließende Tür, bzw. einen Deckel. Im Ofeninnenraum, an den Seiten, am Boden und oft auch an der Tür sind sie mit Heizspiralen ausgestattet, die aus einem extrem hitzebeständigen Kanthaldraht bestehen. In die Ofenmauerung aus feuerfesten, isolierenden Steinen sind Rillen eingefräst oder Rohre aus Aluminiumoxyd eingelassen, welche die Spiralen tragen. Je nach Auslegungn der Mauerung, der Heizspiralen etc. können mit diesen Öfen Einsatztemperaturen bis zu 1500 °C und darüber erreicht werden.

Regelung

Zu einem Elektroofen gehört zur Regelung der Stromzufuhr und zur Steuerung bestimmter Brennprogramme eine *Schalt- und Regelanlage.* Es gibt Anlagen für die Bedienung mit Handbetrieb, die eine dauernde Überwachung erfordern, sowie halb- und vollautomatische Steuerungen. Im Zuge der Entwicklung auf dem elektronischen Gebiet ist heute bereits jede bessere Anlage in Schulen und Werkstätten mit einem sog. Prozessor ausgerüstet. So können auch Sonderprogramme eingegeben werden, die über Nacht laufen, während die Endphase des Brandes individuell per Hand zu beeinflussen ist.

Fasermaterial

Neu auf dem Gebiet des Brennofenbaus sind keramische *Fasermaterialien,* die kaum Hitze aufnehmnen, sie schlecht leiten und extrem leicht sind. Immer mehr Keramiköfen werden aus diesen Faserplatten, Fasermatten gebaut oder nachträglich aus Gründen der Energieersparnis damit ausgerüstet. Nachteilig sind ihre geringe mechanische Festigkeit, ihr Schrumpfen nach einigen Bränden, das ein Nachstopfen erforderlich macht und die hohen Anschaffungskosten.

Freizeitbedarf

Speziell für den Bereich der Freizeitkeramik wurden kleine, praktische Öfen entwickelt, die der Arbeitsweise und der Produktionsart der nichtberuflichen Töpfer angepaßt sind und deren Preis relativ niedrig ist. Diese Öfen sind meist als *Schacht-,* oder *Truhenofen* konstruiert, werden von oben beschickt (eingeräumt) und durch einen Deckel verschlossen. Sie können an das Haushaltsnetz angeschlossen werden und sind sparsam im Energieverbrauch. Es gibt sie für den Betrieb mit Gas, Öl und Elektrizität, auch für den Selbstbau kleinerer Öfen gibt es mittlerweile Bausätze mit praktischen Anleitungen.

Ofenkauf

Überlegen Sie, wenn Sie Spaß am Töpfern gefunden haben und Ihnen ausreichend Zeit und Raum zur Verfügung steht, ob es sich lohnen könnte, einen eigenen Ofen zu kaufen. Sie könnten Ihre Kenntnisse über das Material Ton vertiefen und das Brennen als den abschließenden Arbeitsgang in Ihre Studien mit einbeziehen.

Ob Sie sich für einen Öl-, Gas-, oder Elektrobrennofen entscheiden, hängt in erster Linie von Ihrer Experimentierfreudigkeit und den baulichen Gegebenheiten ab. Vorhandene Gas-, Öl-, oder Elektroanschlüsse, Standortmöglichkeiten, Türstockbreite und Deckentragfähigkeit spielen ebenfalls eine wichtige Rolle.

Brandschutzvorschriften sind zu beachten!

Klären Sie vorher auch ab, wie eine Absauganlage oder ein Rauchgasabzug zu installieren ist.

Schrühbrand/Glattbrand

Beim Brennen von Keramik wird unterschieden in *Schrühbrand* (auch Rauhbrand, Vorbrand, Bisquitbrand geannnt) und *Glattbrand* (auch Glasurbrand, Hochbrand geannt).

Beim Erhitzen im Ofen finden verschiedene Prozesse statt. Im ersten Brand wird bis ca. 250 °C das physikalisch gebundene Wasser, das sog. Anmachwasser ausgetrieben. Während dieser Phase sind die Keramiken besonders empfindlich, und es sollte auf keinen Fall zu rasch geheizt werden. Der Druck, der in den dickeren Partien der Arbeiten entstehen kann, ist so groß, daß Stücke abgesprengt werden oder ganze Töpfe explodieren können.

Quarzsprung

Um 575 °C findet ein Quarzsprung statt, der eine Volumenvergrößerung von ca. 2 % bewirkt. Dieser Quarzsprung findet bei Schrüh- und Glattbrand statt, und auch in dieser Phase soll weder zu schnell noch allzu langsam geheizt werden.
Zum Ende des Schrühbrandes hin, also um 850 °C bis 950 °C ist der Ton so weit erhärtet, daß er sich nicht mehr in Wasser auflöst. Ab diesem Moment bezeichnet man den Ton als

Scherben

Scherben. Er ist beständig geworden, nimmt jedoch schnell und in ausreichender Menge Glasur an.
Porzellan schrüht man bei 1100 °C.
Für jede Masse-Zusammensetzung sollte die günstigste Schrühtemperatur ermittelt werden, die je nach Material, Glasurauftragsweise und eventuell auftretenden Schwierigkeiten im Glattbrand schwanken kann. Ein Schrühbrand kann rasch abkühlen. Risse, die nach dem Schrühen auftreten, sind meist auf Fehler beim Anfertigen der Arbeiten, beim Trocknen zurückzuführen.
Wird ein Schrühbrand zu früh beendet oder gar durch Stromausfall unterbrochen, so treten oft netzartige Risse über das ganze Gefäß verteilt auf.

Sinterung

Beim Glattbrand wird über die Schrühtemperatur hinaus erhitzt, je nach Tonsorte findet dabei eine Verdichtung beziehungsweise *Sinterung* der Tonsubstanen statt. Steinzeug und Porzellan sind bei ihrer Glattbrandtemperatur dicht und wasserundurchlässig, Ton und Glasur verbinden sich fest miteinander. Rote Tone sintern früher als helle Tone. Eisengehalt und die mineralische Zusammensetzung bestimmen hauptsächlich das Verhalten unter Hitzeeinwirkung.

Wird die Sintertemperatur eines Tones überschritten, so wird er weich und verliert die Form, die *Einsatztemperatur* muß deshalb immer praktisch erprobt werden. Zwischen Glasur und Scherben bildet sich eine *Zwischenschicht,* die Glasur »sitzt« jetzt auf dem Scherben. Glattbrände sollten langsam und stetig abkühlen, der Ofen nicht über 100 °C geöffnet werden. Durch vorzeitiges Öffnen der Schaulöcher beziehungsweise der Tür trifft kalte Luft einseitig auf die heißen Gefäße, es kommt zu Glasurabsprengungen oder zu *Kühlrissen.* Diese sind oft so fein, daß sie mit bloßem Auge nicht zu erkennen sind. Dennoch können Sie ihr Vorhandensein am Klang des Gefäßes feststellen.

Einbau

Zum *Einbau* der Ware in den Ofen benutzt man *Platten* und Stützen aus feuerfestem Material. Für Temperaturen unter 1240 °C nimmt man Cordierit-, über dieser Temperatur die wesentlich teureren SiC-Platten. Die Etagen des Einbaus richten sich in der Höhe nach der Größe Ihrer Stücke. Bauen Sie die Stützen immer übereinander, damit Ihr Einbau so stabil wie möglich bleibt. Höhendifferenzen, aufgrund von verzogenen Platten nach häufiger Benutzung, lassen sich durch kleine Tonkügelchen ausgleichen. Verwenden Sie die Platten beidseitig. Neue Einsetzplatten sollten vorsichtig hochgeheizt werden, – sie enthalten noch Feuchtigkeit, so daß es rasch zu Bruch kommen kann.

Als Faustregel kann gelten: Schrühbrände sollten ca. 6 bis 8 Stunden, ein Glattbrand 8 bis 12 Stunden dauern.

Brand

Öfen mit geringer Besatzdichte, also mit wenig Ware und/oder wenig Einbaumaterial sollten nicht schneller als ein voll besetzter Ofen hochgefahren werden. Zu schnelles Aufheizen bewirkt ein zu rasches Sintern des Tones von außen her, eingeschlossene Gase können nicht mehr entweichen und *blähen* den Ton stellenweise auf. Bei fetten roten Tonen geschieht dies häufig auch durch Überfeuern, ebenso bei mehrfach glattgebrannten Stücken, bei denen keine Gase mehr durch die ausgeschmolzene Glasur dringen können.

Alle Tone schwinden im Brand; fette, plastische Tone stärker als magere, schamottierte. Bei Steinzeugdrehtonen liegt diese *Schwindung* zwischen 7 und 10%.

Mit kleineren, stapelbaren Stützen können Sie die Höhe der Einbauplatten variieren. Grundsätzlich soll immer ein Turm über dem anderen stehen, um im Brand unter Belastung stabil zu bleiben.

Geringfügige Höhenunterschiede werden mit Tonkügelchen ausgeglichen. Pudern Sie die Kügelchen in Aluminiumoxyd, damit sie nicht an den Einbaustützen und den Platten festbacken.

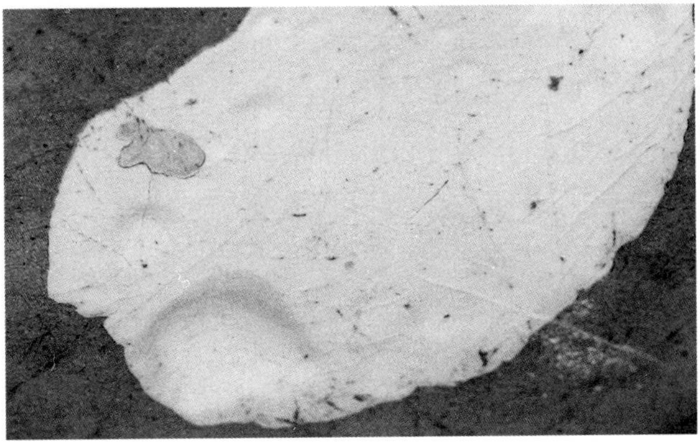

Hier wurde der Ofen zu rasch hochgeheizt. Im Ton entstehende Gase konnten in der kurzen Zeit nicht entweichen und haben stellenweise den Ton aufgebläht.

Aufheizgeschwindigkeit

Ausschmelztemperatur

Im Glattbrand oder Glasurbrand verdichtet sich der Ton noch mehr, die Glasuren schmelzen aus und gehen eine feste Verbindung mit dem Scherben ein.
Je nach Höhe des Glattbrandes (näheres auch S. 102), je nach Art des verwendeten Tons, der verwendeten Glasuren, wird sich durch Ihre Versuche eine entsprechende *Aufheizgeschwindigkeit* ergeben. Diese ist in erster Linie von der Größe und Leistung Ihres Ofens und der Beschaffenheit Ihrer Stücke abhängig.
Generell kann gesagt werden, daß der Glattbrand schneller aufgeheizt werden kann als der Schrühbrand. Ausnahmen sind frisch glasierte Stücke, ausladende Tellerformen oder großformatige, dünne Arbeiten. Ab 600 °C kann der Ofen meist mit voller Leistung heizen. Je höher die *Ausschmelztemperatur der Glasur* liegt, umso langsamer wird der Temperaturanstieg werden. Bei vielen Glasuren ist es vorteilhaft, die Endtemperatur einige Zeit zu halten (vergleiche Kapitel »Seger-Kegel«, S. 102).
Im Glattbrand dürfen sich die Arbeiten keinesfalls berühren. Achten Sie strikt auf saubere, glasurfreie Standflächen, auf Abstand zwischen den Arbeiten und einen ausreichenden Abstand zu den Heizspiralen!
Stücke, die bis zur Standfläche glasiert sind, eventuell mit Glasuren, die zum Ablaufen neigen, sollten auf alle Fälle auf *Sternstützen* oder *Tonkügelchen* gestellt werden.
Glattbrände müssen unbedingt langsam auskühlen, die Öfen sollten generell nicht über 100 °C geöffnet werden, um Kühlrisse an den Arbeiten zu vermeiden.

Selbst dicke, schwere Stücke können auf Sternstützen gestellt werden. Die Dreipunktauflage ist stabil und läßt genügend Hitze an den Boden des Gefäßes.

Einbauplatten, die mit Aluminiumoxyd bestreut wurden, können Sie mit einer Walze glätten, so daß das Pulver fester aufliegt.

Plattenengobe wird aufgeschüttet und mit einem breiten Pinsel bis zum Rand gleichmäßig verteilt.

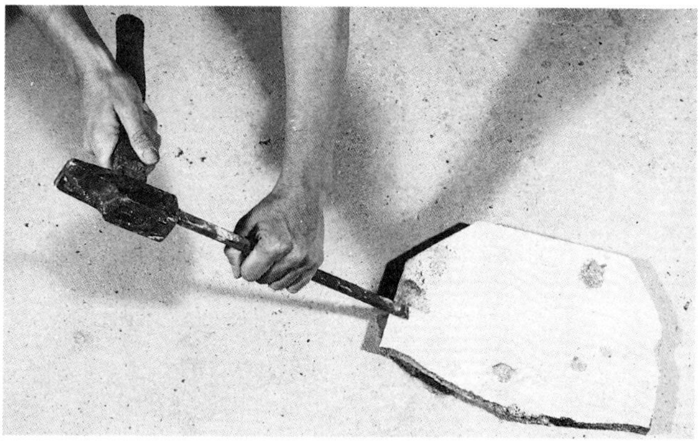

Sind Glasurtropfen auf die Einbauplatte gekommen und fest mit der Oxydschicht verschmolzen, werden sie mit Hammer und Meißel vorsichtig abgeschlagen, die Platte wird frisch engobiert.

Die Sternstützen haben unter dem Gewicht und der Hitzeeinwirkung nachgegeben. Sie sind im Brand weichgeworden, haben sich gesenkt und verzogen. Dabei kann es geschehen, daß darauf gestellte Stücke kippen. Über 1240 °C sollten sie nicht mehr eingebaut werden, weil sie dann nachgeben.

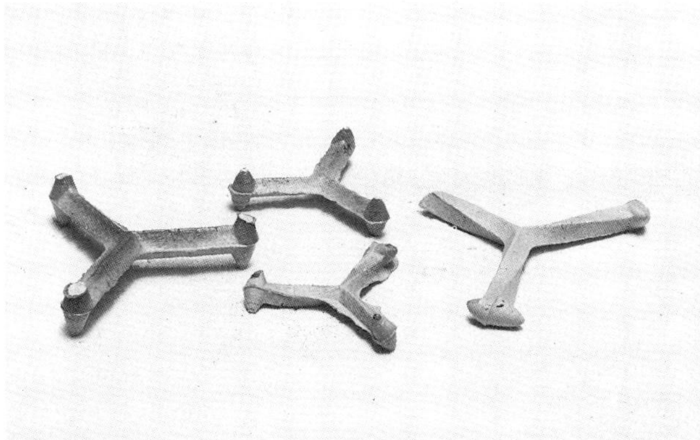

Günstig können Tonkugeln im Schrühbrand verwendet werden, z. B. wenn flache, ausladende Teller zu brennen sind, für die Sternstützen nicht mehr ausreichend wären.

Für Kacheln, Teller etc. gibt es im Fachhandel feuerfeste Kassetten, in denen platzsparend und rationell gebrannt werden kann.

Reduzierend brennen

Mit dem Begriff Reduktion oder Reduktionsbrand bezeichnet man in der Keramik einen Glattbrand, der ganz oder zeitweilig reduzierend, d. h. unter *Mangel an Sauerstoff* geführt wird. Bei einem mit Holz gefeuerten Ofen entsteht immer wieder eine sauerstoffarme, rauchige Atmosphäre im Brennraum. Feuchtes Holz, ein zu rasches Feuern und zu starkes Nachlegen lassen sofort dicke Rauchwolken entstehen. Die Verbrennung ist dann nicht vollständig, dem Scherben sowie den Glasuren wird Sauerstoff entzogen. Im künstlerischen Bereich der Keramik wird dieses reduzierende Brennen angewendet, um bestimmte *Farbeffekte* in Ton und Glasur zu erzielen.

Farben

Viele der in der Keramik färbende Stoffe zeigen im Oxydationsbrand andere Farben als in der Reduktion. Kupferverbindungen z. B., die im oxydierenden Brand grün bis türkis färben, zeigen in der Reduktion rote bis rot-violette Farben, Eisenoxyd färbt grau bis grün, bzw. gelb bis braun usw. Im einzelnen sind diese Farbumschläge in starkem Maße von der Führung des Reduktionsbrandes, von der Zusammensetzung der Glasur und anderen variablen Faktoren abhängig und häufig nicht zu reproduzieren.

Effekte

Im experimentellen Bereich kann unterschiedlich reduziert werden: Es ist möglich, schöne Effekte zu erzielen durch Räuchern vom Aufheizen bis zur Endtemperatur, Räuchern nach Erreichen der Endtemperatur d. h. in der Abkühlphase, durch oxydierendes Abkühlen oder Auf- und Abräuchern in Intervallen oder kontinuierlich reduzierende Atmosphäre.

Protokoll

Auf alle Fälle ist ein *Protokoll über den Verlauf* wichtig, damit ein gelungener Brand wiederholbar wird.

Reduzierendes Brennen ist grundsätzlich in allen Ofentypen möglich, am einfachsten in Holz- und Gasöfen, wo durch entsprechende Dosierung von Brennstoff und Regelung des Abzugs die Brennatmosphäre bestimmt werden kann. In Elektroöfen ist es etwas schwieriger, auch werden die Heizspiralen durch das Räuchern mit Holz angegriffen. Es ist erforderlich, nach jedem Reduktionsbrand mindestens zwei oxidierende Glattbrände durchzuführen, um die *schützende Oxydschicht der Spiralen* wieder aufzubauen. Weiterhin ist es beim Reduzieren im Elektroofen nötig, die Keramiken so einzubauen, daß sie von Rauch und entstehenden Gasen ausreichend umspielt werden, und daß auf keinen Fall die durch das Schauloch eingeführten

Reduktionsstoffe

Reduktionsstoffe die Stücke treffen oder umwerfen können. Holz, Naphtalin-, Sägemehlkugeln usw. eignen sich zur Erzeugung einer reduzierenden Atmosphäre (Gaszufuhr muß vom Fachmann installiert werden). Bei Öfen mit ausreichend großem Schauloch bietet es sich an, die *Reduktionsstoffe* durch diese Öffnung einzuführen. Ist diese zu klein, muß ein spezielles Loch mit Verschlußstopfen gebohrt werden. Die Heizspiralen müssen im näheren Bereich der Reduktionsöffnung mit einem Papier aus Aluminiumoxydfasern (Fachhandel) geschützt werden oder mit Plattenengobe bestrichen sein. Dies muß für jeden Brand neu gemacht werden, damit sich keine Reste der Asche auf den Spiralen festsetzen und diese zerstören. Auch die Stellen, auf welche die Holzstücke im Ofeninneren fallen, müssen extra dick engobiert werden.

Aluminiumoxyd

Einfaches Bestreuen mit Aluminiumoxyd (Al_2O_3) emfpiehlt sich nicht, da sich vor allem im höheren Temperaturbereich trockene, brennbare Stoffe fast explosionsartig entzünden und somit lose Körnchen des Al_2O_3 sich in die erweichenden Glasuren setzen und zu Fehlern führen.

Sollen kugelige Formen eingeworfen werden, z. B. durch ein Loch im Deckel eines Schachtofens, muß eine kleine, feuerfeste Schüssel im Ofeninneren die Kugel auffangen, damit sie nicht die Tongefäße direkt berühren. Beim Einwerfen von Hölzern durch das untere Schauloch muß lediglich der Einbau um 10 cm höher begonnen werden, so daß unter der hochgesetzten Bodenplatte genug Spielraum bleibt.

Deckel, bzw. Türe des Ofens müssen ebenfalls abgedichtet werden. Wenn Sie es einmal vergessen, qualmt der Ofen stark und ist dann so heiß, daß es schwierig ist, die Ritzen nachträglich zu schließen.

Abdichten

Der *Ofen muß* zum reduzierenden Brennen *dicht sein,* also sollten vor dem Einräumen der Ware die Ausgänge der Heizspiralen zum Schaltkasten und zum Pyrometer abgedichtet werden. Praktisch ist dazu eine Watte aus Al_2O_3 oder mit Sand vermengter Ton.

Lüftung

Tragbare Öfen sollten zum Reduzieren ins Freie gebracht werden, damit Sie die Dämpfe die entstehen, nicht ständig einatmen müssen. Ist dies nicht möglich, sollte für eine *gute Lüftung* durch eine Absauganlage oder Fenster gesorgt werden. Wenn Sie mit den Experimenten zum Räuchern beginnen, denken Sie daran, daß das Holz, das Sie zum Reduzieren einwerfen, sofort verbrennt und Ihnen, wenn Sie nicht sofort das Loch verschließen, eine Stichflamme entgegenkommt. Dies geht umso schneller, je heißer der Ofen wird, je mehr Druck im Ofeninneren durch bereits erfolgte Reduktion entsteht und je trockener Ihre Reduktionsmaterialien sind.

Ein bißchen Zeit läßt sich gewinnen, wenn Holz vorher einige Stunden in Wasser eingeweicht wird. Dennoch sind schützende Handschuhe, eine Schutzbrille, eine Zange und ein längerer Stock zum Nachschieben unerläßlich. Stochern Sie nur mit nicht leitenden Stäben in den Ofen, weil Sie die *elektrischen Heizspiralen* berühren könnten. Ungefährlicher ist es, wenn Sie passende Stücke gezielt in den Ofen werfen.

Der Ofen sollte für diese Experimente weit ab von brennbarem Material stehen und *nie unbeaufsichtigt* bleiben!

Versuchsprotokoll

Beginnen Sie mit Versuchen, die Sie auf einer Art Protokoll festhalten, und variieren Sie nur wenige Schritte auf einmal. Notieren Sie, welche Glasuren wie dick glasiert wurden und wo die Stücke im Ofen eingebaut waren. Wichtig ist der Beginn des Räucherns, also Uhrzeit und Temperatur, sowie die Intervalle des Räucherns und die Menge an zugeführten Stoffen. Wenn zuviele Variablen in einem Brand zusammenkommen, wissen Sie unter Umständen nicht mehr, welcher Sie ein gelungenes Ergebnis zuschreiben können.

Ein *Brennprotokoll* sollte folgende Angaben enthalten:

- Beginn des Brennens
- Temperaturanstieg pro Stunde
- Beginn des Reduzierens
- Art und Menge des zugeführten Reduktionsmaterials
- Intervalle des Reduzierens, Zeit-, und Temperaturangabe

- Temperzeit, bei welcher Temperatur wie lange
- Segerkegelfallpunkt
- Reduktion beim Abkühlen
- Einzelheiten zu Glasuren, Einbau der Ware o. ä., Besonderheiten.

Viele Glasuren vertragen das *Abräuchern*, also das Reduzieren mit festen Stoffen während des Abkühlens nur bis zu einer bestimmten Temperatur. Sobald die Glasur beginnt, eine Haut zu bilden und zu erstarren, können Ascheteilchen oder auch die Flammen Spuren hinterlassen.

Kapsel

Eine spezielle Reduktionstechnik ist das Brennen in einer *Kapsel aus schamottiertem Ton.* Für kleinere Schachtöfen baut man eine solche Kapsel aus Würsten oder Platten, im Durchmesser um einige Zentimeter kleiner als der Ofeninnenraum. Ist die Kapsel so hoch wie der Ofen bemessen, dichtet der Ofendeckel diesen und die Kapsel gleichzeitig ab, und Sie ersparen sich den Bau eines besonderen Kapselverschlusses. In die Tonkammer, die auf Tonkugeln stehen sollte, damit auch an die Bodenfläche ausreichend Hitze kommt, baut man die Proben mit einigem Sägemehl, Holzkohle oder anderem brennbaren Material ein. Notieren Sie die Menge, damit ein erfolgreicher Versuch wiederholt werden kann.

Das Reduzierende Brennen in einer Kapsel schont die Spiralen des Ofens, entstehende Dämpfe bleiben weitgehend eingeschlossen. In Kapseln können einzelne Stücke auch in einem größeren Ofen bei normalem Glattbrand mitgebrannt werden. Es braucht Geduld und mehrere Versuche, um die richtige Menge an Reduktionsmaterial herauszufinden. Wenn Sie sich auf das reduzierende Brennen als Experiment einlassen möchten, sind Sie auf Ihr *Fingerspitzengefühl* und Ihre wachsende Erfahrung angewiesen.

Erfahrung und Fingespitzengefühl

Jeder Brand wird neue Kenntnisse bringen, und bald werden Sie wissen, wann wieviel Material ausreichend ist, um für Ihre Glasuren und Arbeiten die besten Ergebnisse zu erhalten.

Arbeiten Sie besonders umsichtig, werten Sie Ihre Ergebnisse aus, bevor Sie neu ansetzen und akzeptieren Sie Mißerfolge, die nicht auf Ihre Ungeduld oder Nachlässigkeit zurückzuführen sind. Das Brennen der Keramiken, speziell das reduzierende, ist nie ganz steuerbar, da das Feuer hierbei den unberechenbarsten Faktor darstellt.

Temperaturmessung

Anzeigegeräte

Die Ofeninnentemperatur wird gewöhnlich auf einem Anzeigegerät in Celsiusgraden angezeigt, welches in die Schalt-, und Regelanlage eingebaut ist. Es gibt für Holz- oder Gasöfen, die über keine Regelanlage verfügen müssen, sowie für einfache kleinere Elektroöfen, die mit einem Prozentschalter hochgefahren werden, *Anzeigegerät* und *Meßfühler* als Zusatzgerät zu kaufen.

Bei diesen Temperaturanzeigegeräten mißt ein Fühler im Ofeninneren kontinuierlich die Innentemperatur und gibt diese Information an das Anzeigegerät weiter.

Der Temperaturfühler besteht aus zwei miteinander verschweißten Metallfäden unterschiedlicher Legierung. Die feinen, haardünnen Metallfäden stecken in einem isolierenden Schutzrohr, welches beim Einbau in den Ofeninnenraum ragen sollte, um eine korrekte Anzeige zu erbringen.

Handhabung

Denn nicht immer ist die Anzeige richtig: oft wird die Angabe durch direkte Hitzeabstrahlung, z. B. der Heizspiralen, der Heißluftströme in einem Holz- bzw. Gasofen oder durch die Reflektion eines besonders dickwandigen Stückes in unmittelbarer Nähe der Fühlerspitze verfälscht.

Vergleichen Sie die Celsiusangabe auf Ihrer Anzeige mit dem *Segerkegelfallpunkt* bei mehreren Bränden, und korrigieren Sie an der kleinen Justierschraube Ihres Anzeigegerätes. Es ist immer sinnvoll mit Kegeln zu brennen. Selbst wenn Ihr Anzeigegerät ausfällt und Sie den Ofen mit Fingerspitzengefühl hochheizen, wissen Sie, wann Ihre Glasuren ausgeschmolzen sind.

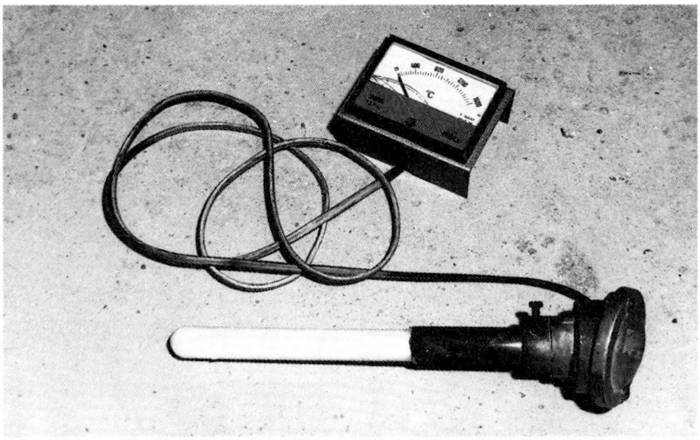

In der Spitze des Fühlers entsteht eine von der Temperatur abhängige elektrische Spannung, die über die Ausgleichsleitung auf das Anzeigegerät übertragen wird.

Der Temperaturfühler muß nicht immer so tief wie abgebildet in den Ofen ragen. Die Stücke und Einbauplatten dürfen den Fühler nicht berühren und sollten ausreichend Platz um ihn herum lassen, um eine korrekte Temperaturanzeige zu gewährleisten.

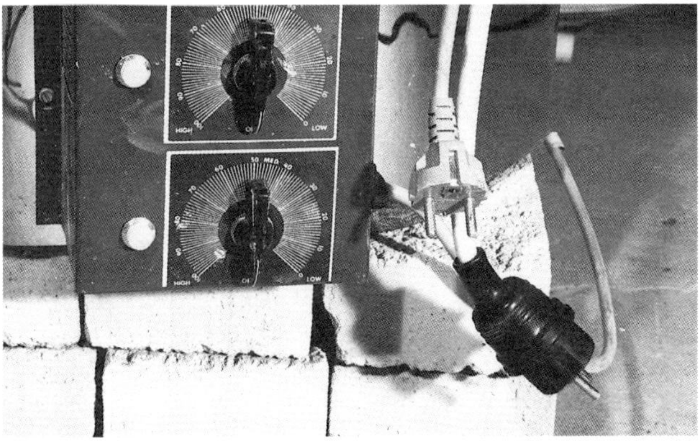

Bei diesem Foto sind deutlich die beiden Prozentschalter zu erkennen, mit denen der Ofen regelbar ist. Stecker müssen öfter überprüft werden.
Es lohnt sich, den Ofen auf eine Schicht Isolationssteine zu stellen; das spart Energie, und die Hitzeverteilung im Ofen ist gleichmäßiger.

Ohne Temperaturanzeige ist die Temperatur im Ofeninnern in etwa durch die Farbe der Glut zu schätzen.

Rotglut kaum wahrnehmbar 400 °C
Rotglut 525 °C
Dunkelrotglut 700 °C
Kirschrotglut 850 °C
Hellrotglut 950 °C
Gelbglut beginnend 1000 °C
Gelbglut voll 1100 °C
Weißglut beginnend 1200 °C
Weißglut voll 1500 °C

Segerkegel

Segelkegel gibt es für alle keramischen Temperaturbereiche in Abständen von 20 °C. Die Rohstoffkombinationen sind so ausgelegt, daß sie bei der bezeichneten Temperatur weich werden und den Kegel umsinken lassen. Sie reagieren genau auf die Temperaturhöhe und die Dauer der Hitzeeinwirkung.
Mit der schrägen Standfläche drückt man die Kegel in ein wenig Ton und läßt diesen trocknen. Mit Hilfe einer brennenden Kerze, die man vorübergehend mit in den Ofen stellt, können Sie die Kegel genau vor dem Schauloch des Ofens plazieren.

Tempern

Bei vielen Glasuren ist es notwendig, die Endtemperatur eine Zeitlang zu halten, (ca. 1 Std.) um ein völlig gleichmäßiges Ausschmelzen zu erreichen. Durch Zurückschalten oder kurzes Aus- und Wiedereinschalten kann der Glattbrand auf die gewünschte Endtemperatur eingependelt werden: diesen Vorgang nennt man »tempern«. Die genaue Endtemperatur ist erreicht, wenn der den benutzten Glasuren entsprechende Kegel mit seiner Spitze den Boden berührt.

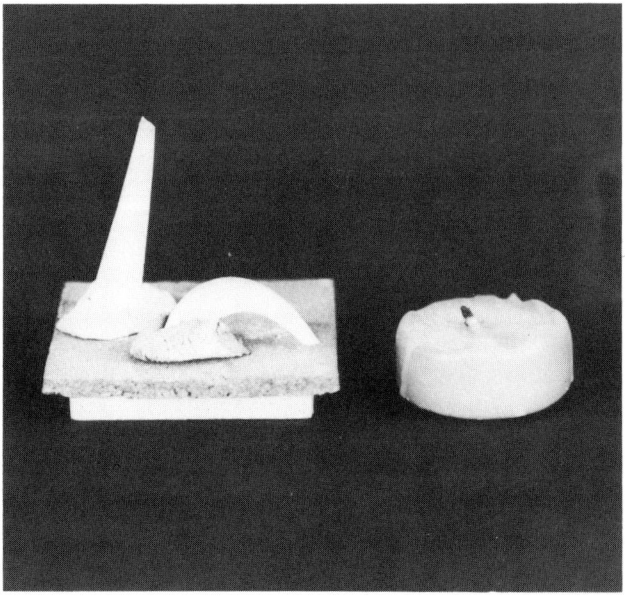

Segerkegel-Tabelle

Segerkegel	Mittlere Fallpunkte mit einer Temperatursteigerung um 150 °C je Stunde			20 °C je Stunde	
SK	Für große Segerkegel (Normalkegel) °C	Für kleine Segerkegel (Laborkegel) °C	Segerkegel Bezeichnung nach ISO	Für große Segerkegel (Normalkegel) °C	Für kleine Segerkegel (Laborkegel) °C
022	595	605	–	580	585
021	640	650	–	620	625
020	660	675	–	635	640
019	685	695	–	655	665
018	705	715	–	675	680
017	730	735	–	695	695
016	755	760	–	720	720
015 a	780	785	–	740	750
014 a	805	815	–	780	790
013 a	835	845	–	840	860
012 a	860	890	–	860	880
011 a	900	900	–	880	890
010 a	920	925	–	900	910
09 a	935	940	–	920	930
08 a	955	965	–	930	940
07 a	970	975	–	950	955
06 a	990	995	–	970	980
05 a	1000	1010	–	990	1010
04 a	1025	1055	–	1015	1035
03 a	1055	1070	–	1040	1055
02 a	1085	1100	–	1070	1090
01 a	1105	1125	–	1090	1105
1 a	1125	1145	–	1105	1120
2 a	1150	1165	–	1125	1135
3 a	1170	1185	–	1140	1150
4 a	1195	1220	–	1160	1170
5 a	1215	1230	–	1175	1185
6 a	1240	1260	–	1195	1210
7	1260	1270	–	1215	1230
8	1280	1295	–	1240	1255
9	1300	1315	–	1255	1270
10	1320	1330	–	1280	1290
11	1340	1350	–	1300	1315
12	1360	1375	–	1330	1340
13	1380	1395	–	1360	1375
14	1400	1410	–	1380	1395
15	1425	1440	–	1400	1420
16	1445	1470	–	1425	1445
17	1480	1500	150	1445	1465
18	1500	1520	152	1470	1480
19	1515	1540	154	1495	1505
20	1530	1560	156	1515	1530

Tabelle mit freundlicher Genehmigung der Firma Welte

Tone und Massen

Die keramischen *Tone* und *Massen* unterscheidet man in erster Linie nach ihren *Farben,* sowohl in feuchtplastischem, als auch im gebrannten Zustand. Dabei geht die Farbpalette von den fast schwarzbrennenden Tonen über rot-, rotbraun- und hell-farbene, bis zu der weißen, fast transparenten Farbqualität des Porzellans.
Neben den natürlich vorkommenden Tonfarben gibt es (wie an anderer Stelle bereits beschrieben) auch viele Möglichkeiten der Einfärbung mit Metalloxyden.

Eigenschaften

Den unterschiedlichen Farben sind jedoch auch unterschiedliche *Eigenschaften* zugeordnet, die unabhängig vom äußeren Bild in der Verarbeitung oder/und in den nach dem Brand erworbenen Eigenschaften zu sehen sind.
So bedient man sich der verschiedenen Tone und der speziell zusammengesetzten Massen, um bei Einsatztemperaturen, die oft vorgegeben sind, bestimmte Eigenschaften zu erwirken: porös oder dicht, hart, abtriebfest usw. Dabei spielen auch die mineralischen Zusammensetzungen, die Schamottierung und die Zuschlagstoffe eine große Rolle.
Die untenstehende Tabelle soll Ihnen einen kurzen Einblick in die Tonsorten, die Brenntemperaturen und die zugehörigen Produktgruppen geben.

Bezeichnung	**Brennfarbe**	**Einsetztemperatur**	**Produkt**
Irdenware	rot, rotbraun schwarz, beige	900–1100 °C nicht dicht	Blumentöpfe Dachziegel Ziegel Bauerntöpfereiwaren mit Bleiglasur und andere
Steingut	weiß bis beige	1060–1100 °C nicht dicht	Geschirre Kacheln, usw.
Steinzeug	weißgrau bis hellbeige	1200–1300 °C dicht	Tafelgeschirre Vasen Fußbodenplatten Waschbecken Kanalisations-Rohre
Porzellan	weiß bis transparent	1200–1300 °C	Tafelservice
Weichporzellan		1200–1260 °C	Sanitärware
Hartporzellan		1340–1460 °C dicht	technische Produkte, Isolatoren usw.

Checkliste

1. exakt und langsam aufbauen
2. Ton verwenden, dessen Verhalten in feuchtem Zustand und im Brand bekannt ist
3. Glasuren verwenden, deren Verhalten beim Glasieren und im Brand bekannt ist
4. langsam und gleichmäßig trocknen lassen, Vorsicht bei Henkeln, dünnen Rändern, flachen Tellern ...
5. durchtrocknen lassen
6. Schrühbrand langsam angehen, anfangs offene Schaulöcher
7. Glasuren sorgfältig vorbereiten, abwiegen, sieben, aufrühren, testen ...
8. Eimer nicht vertauschen!
9. Keramiken abstauben, nicht mit fettigen Fingern, eingecremten Händen berühren
10. in Ruhe sauber glasieren, Kleckse und Laufnasen vermeiden
11. Standflächen reinigen
12. frischglasierte Ware trocknen lassen, bzw. langsam hochheizen
13. Bodenplatten und Einsetzplatten von Glasurresten reinigen (mit Hammer + Meißel, Schleifmaschine)
14. Platten engobieren, Engobe eventuell ausbessern
15. Ofeninnenraum auskehren, besser noch saugen
16. Glattbrand umsichtig einräumen, Abstand einhalten
17. Einbauplatten abkehren, Klang prüfen
18. wackelnde Etagen mit Setztonkügelchen ausgleichen
19. Ofentüre/-deckel fest schließen, Türkontakt!
20. Programm exakt eingeben/einstellen, – überprüfen!
21. Schaulöcher schließen
22. Hobbyöfen niemals unbeaufsichtigt brennen lassen
23. keine brennbaren Materialien in der Nähe eines Ofens lagern
24. Segerkegelfallpunkt beobachten, bzw. Endtemperatur einhalten
25. einen brennenden Ofen niemals »vergessen«
26. Abkühlen lassen, erst bei 200 °C Schauloch oben öffnen, bei 100 °C die Tür.
27. Ofen handwarm ausräumen
28. Überlegen Sie nach der ersten Freude über Gelungenes was als fehlerhaft, was als mittelmäßig einzustufen ist

Die Verschlußstopfen für die Schaulöcher nutzen sich durch häufigen Gebrauch ab und schließen nicht mehr dicht. Man feilt oder raspelt sie wieder zurecht.

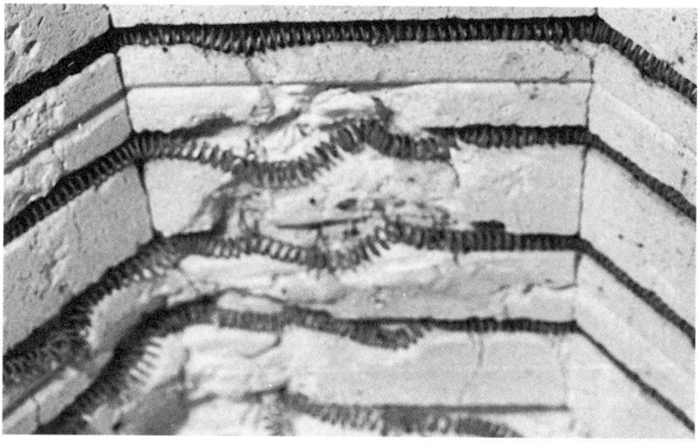

Ofenmauerungen, die so ausgebrochen, und Heizspiralen, die so aus den Fugen geraten sind, müssen unbedingt erneuert werden. Die Ofenhersteller bieten passende Ersatzteile an.

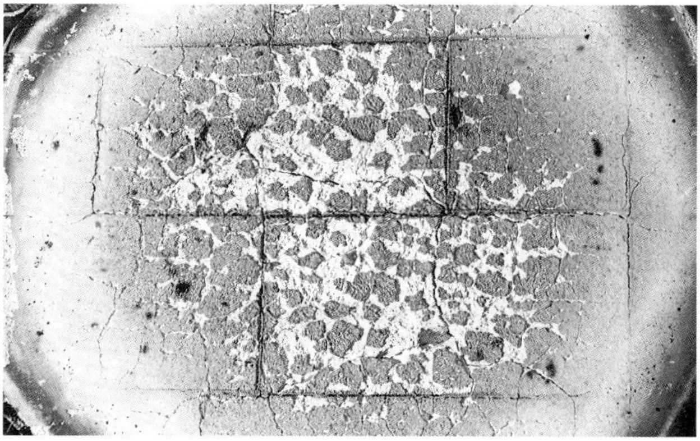

Die feuerfesten Steine in den Brennöfen werden durch häufiges Brennen angegriffen, besonders die der stärksten Hitze ausgesetzten Deckel bröckeln so mit der Zeit aus. Die Plattenengobe kann auch auf den Deckel gestrichen werden.

4 Die häufigsten Fehler

Die häufigsten Fehler beim Aufbauen

Hier war der Ton zu naß und zu weich, das Stück gibt nach. Daneben sehen Sie zu trockenen und zu harten Ton. Er verliert seine Geschmeidigkeit und reißt.

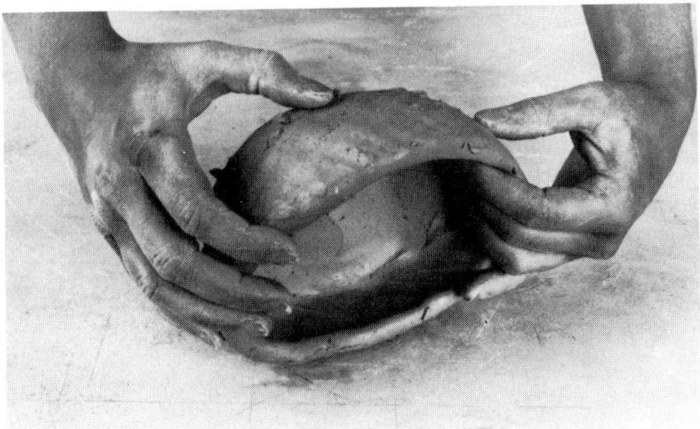

Einseitiger Druck verformt das Gefäß!
Nehmen Sie deshalb Ihre Stücke immer von unten mit beiden Händen, und drehen Sie das Stück ganz um, wenn Sie den Boden versäubern.

Hier wird durch das Eingraben der Finger in den Ton Luft beim Schlagen mit eingearbeitet.

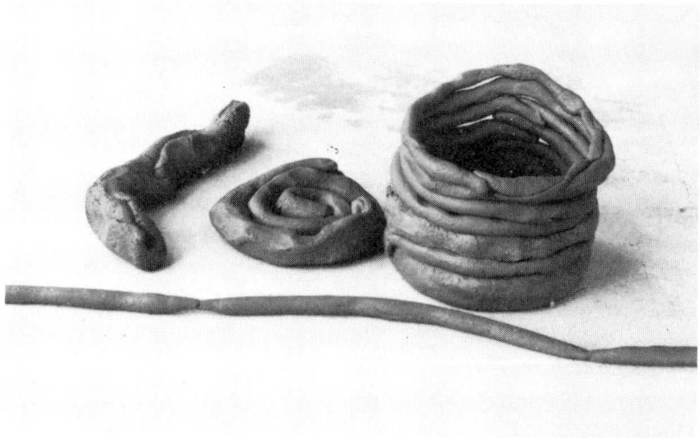

Wenn die Tonwürste nur oberflächlich verstrichen werden, kann dies schon beim Trocknen zu Rissen führen, im Brand sogar zu großen Beulen oder zum Abplatzen ganzer Teile.

Lufteinschlüsse können zum Abplatzen von Henkeln oder Griffen führen.

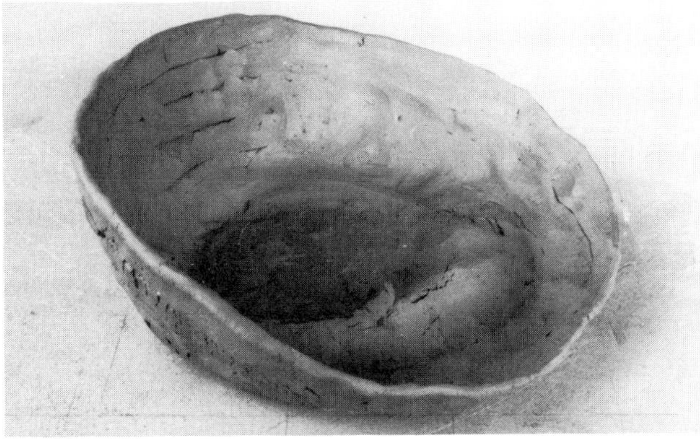

Bei dieser Schale wurden die Würste zu rasch und zu steil nach außen gelegt.
Die Wand kann das Gewicht nicht mehr tragen und gibt nach. Dies kann auch geschehen, wenn zu feucht gearbeitet wird.

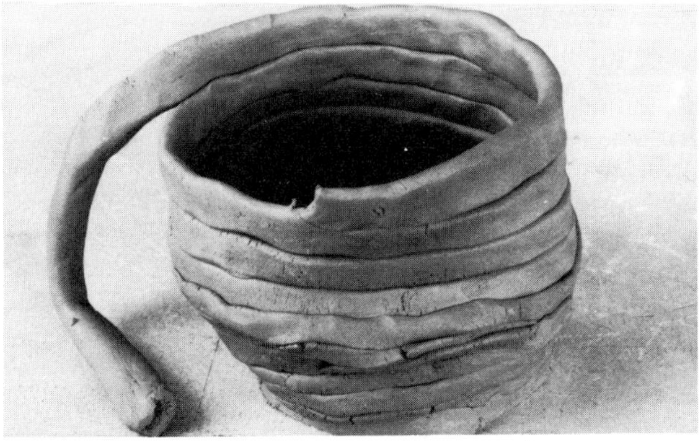

Wenn unten dünne und oben dicke Würste verarbeitet werden, sackt die Arbeit unter dem Gewicht ein. Das Stück wird auch einseitig nachgeben, wenn ungleichmäßig dicke Würste verwendet werden.

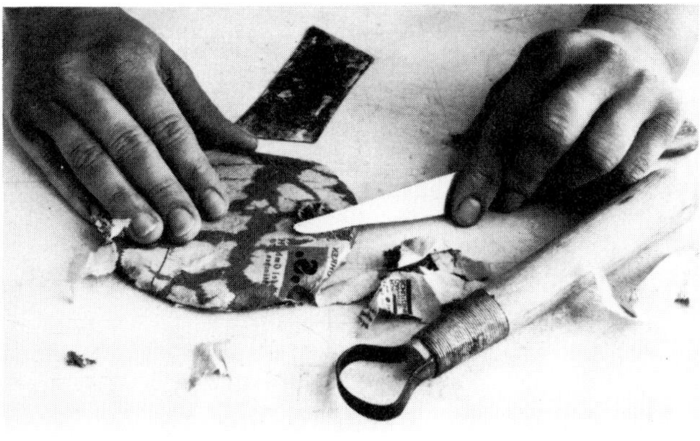

Achten Sie darauf, daß beim Arbeiten keine anderen Materialien (wie z. B. Gips, Holz, Metall, Papier) in den Ton geraten.
Besonders Papier verbindet sich fest mit feuchtem Ton und läßt sich nur schwer wieder entfernen.

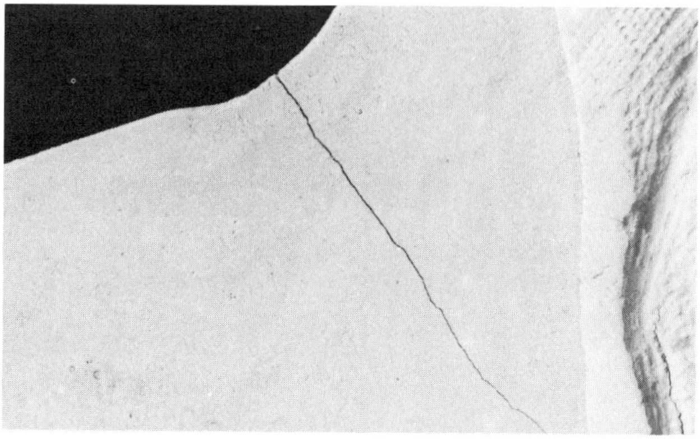

Risse, vor allem an dünnen Rändern, entstehen, wenn Ihre Arbeit zu schnell oder einseitig trocknet. Geheizte Räume oder Zugluft sind oft die Ursachen.

Bodenrisse treten auf, wenn Sie die Grundplatte nicht gleichmäßig durchgearbeitet haben, oder Luft eingeschlossen ist.
Ist der Boden besonders dick oder großflächig, können Bodenrisse auch durch zu rasches Trocknen oder Brennen auftreten.

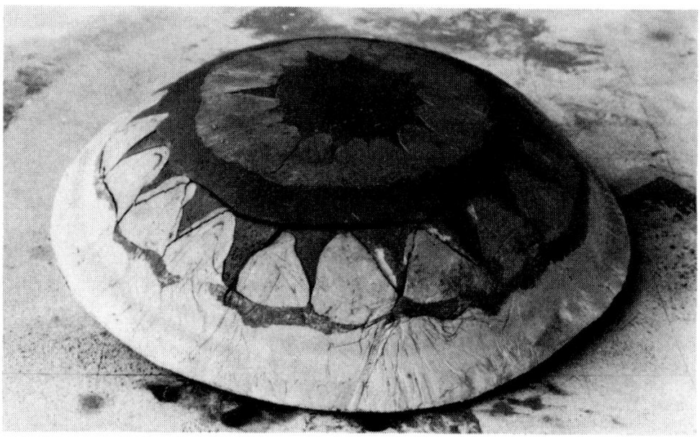

Verschiedene Tonsorten mit unterschiedlicher Schamottierung, unterschiedlich feuchte, nicht durchgezogene Tone, können sich nicht so gut miteinander verbinden.
Diese sollten länger feucht gehalten und langsamer getrocknet werden.

Die häufigsten Fehler beim Glasieren

Häufig wird versäumt, die *Standfläche* eines Gefäßes *sauber* zu machen. Es ist unvermeidlich, daß die Glasur sich in der Hitze mit der Ofenplatte fest verbindet, und das Gefäß nur noch mit Gewalt zu entfernen ist.

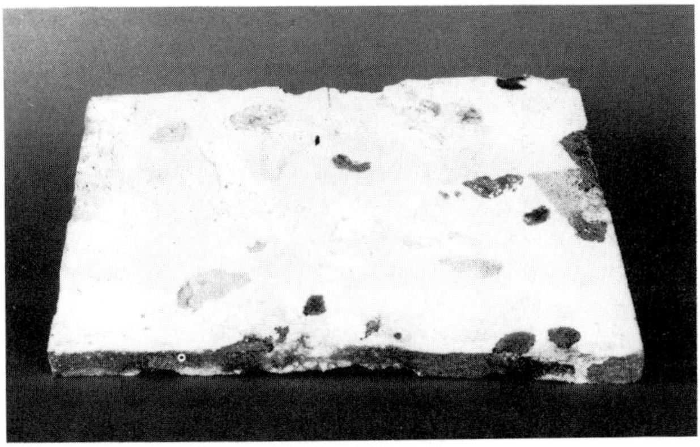

Das gleiche kann geschehen, wenn Sie zwar saubere Stücke in den Ofen geräumt, aber noch *Glasurreste* auf den Ofenplatten gelassen haben.

Wenn die Stücke *ungleichmäßig dick* glasiert sind, kann es vorkommen, daß die dick aufgetragene Glasur im Brand abläuft.

Die für die Glasur notwendige *Temperatur* sollte genau eingehalten werden. Wenn Sie überschritten wird, beginnen die Glasuren abzulaufen – wird zu niedrig gebrannt, schmelzen die Glasuren nicht aus und bleiben rauh.

Tropfen und abgelaufene Glasur sind auch nach dem Brennen sichtbar und wirken oft störend.

Wenn Stücke nach dem Brand Poren und Bläschen aufzeigen, kann es sein, daß Sie entweder zu langsam glasiert oder den Ofen zu rasch hoch geheizt haben.

Manche Glasuren greifen sich beim Anfassen leicht ab. Verreiben Sie diese »Patzer« dann vorsichtig, denn sonst sind sie nach dem Brennen deutlich zu sehen.

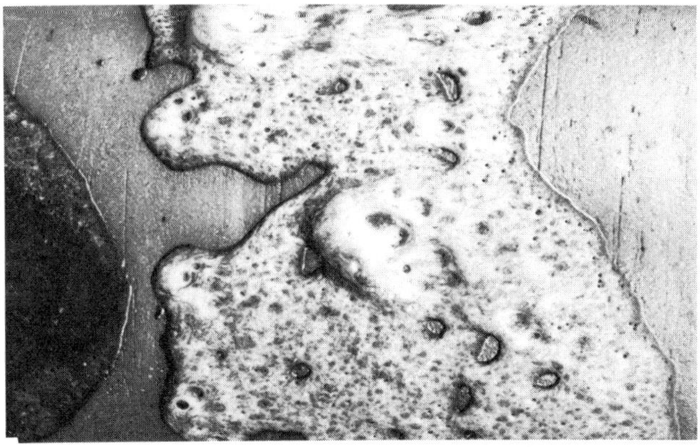

Wenn Glasur im Brand abgerutscht ist, liegt dies häufig daran, daß das Gefäß vor dem Glasieren staubig war, oder mit *fettigen Fingern* angefaßt wurde. Das Hautfett wird von dem Scherben aufgenommen und dichtet die feinen Poren ab, so daß die Glasur nicht richtig »greifen« kann.

Die häufigsten Fehler beim Brennen

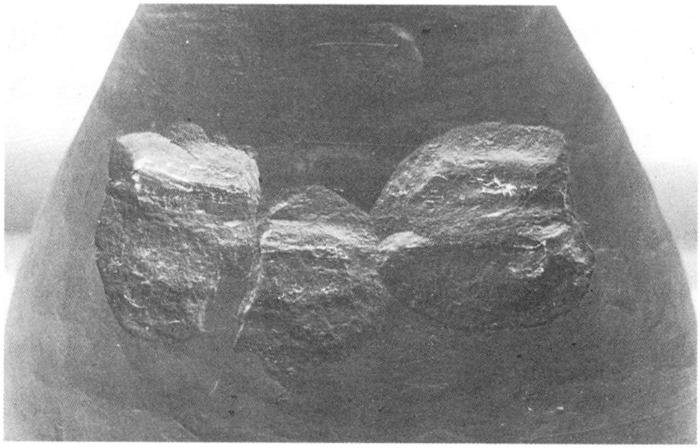

Diese Vase wurde zu rasch im Ofen erhitzt, so daß es zu mehreren Absprengungen kam; meistens an dickwandigen Stellen können die Gase nicht so schnell nach außen dringen.

Diese netzartigen Risse tauchen oft auf, wenn ein Schrühbrand zu früh abgebrochen oder, durch einen Stromausfall verursacht, unterbrochen wurde.

Die teilweise doppelt glasierte Vase wurde zu schnell hochgeheizt, die Gase konnten nicht so rasch nach außen kommen, und es bildeten sich Blasen.

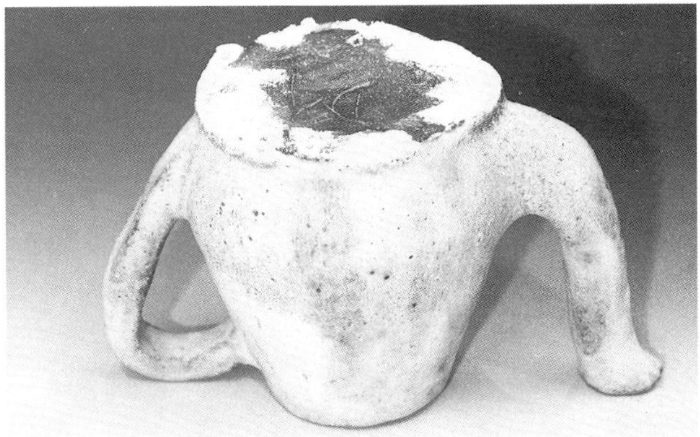

Die Endtemperatur im Glattbrand wurde überschritten, die Masse an weicher Glasur läuft ab und schmilzt mit der Einbauplatte und dem Aluminiumoxyd zusammen.

Dieses Stück ist im Glattbrand gekippt, die Spuren der Spiralen sind deutlich zu erkennen.

Hier wurde der Ofen zu eng eingeräumt. Die Vase klebte mit einem Teil zusammen. Schlimme und teure Auswirkungen hat es, wenn ein Stück auf diese Weise an den Ofenspiralen *festbackt!*

Hier wurden zwei verschiedene Tonsorten verwendet. Bei der Glattbrandtemperatur kocht der eine Ton blasig auf. Was aussieht wie ein Glasurfehler, ist auf die überschrittene Einsatztemperatur der einen Tonsorte zurückzuführen.

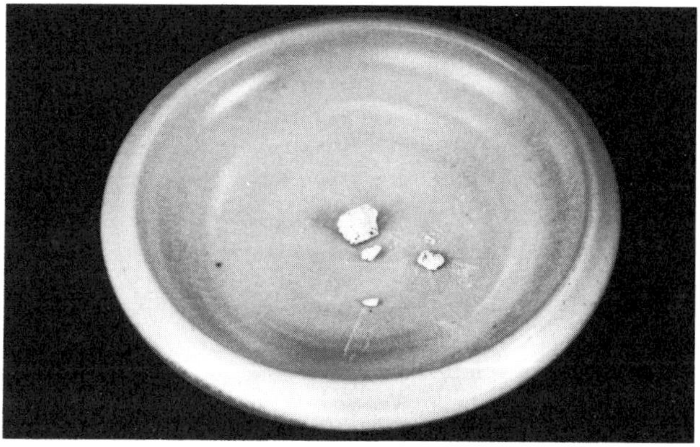

Vermeiden Sie es, an den eingeräumten Ofen zu stoßen oder Dinge auf ihm abzustellen, denn die Erschütterung kann bewirken, daß *Brösel oder Staubteilchen* in die glasierten Stücke fallen und *mit einbrennen.*

Anhang

Fachausdrücke

Abräuchern Zufuhr von Reduktionsstoffen nach Erreichen der Glattbrandtemperatur in der Kühlphase der Ware.

absetzen Glasuren setzen sich bei längerem Stehen in den Eimern ab, – Stellmittel zufügen und vor dem Glasieren gründlich aufrühren.

Aluminiumoxyd A_2O_3, Tonerde, Schmelzpunkt um 2000 °C, wird als Glasurrohstoff und als sogenanntes Trennmittel oder Plattenengobe verwendet.

Anmachwasser Wasser, welches als Restfeuchte in den ersten Phasen des Schrühbrandes ausgetrieben wird.

Aufglasurmalerei Maldekor mit niedriger aufgebrannten Schmelzfarben.

Ascheglasur Glasur, die einen hohen Anteil an Asche, meist Pflanzenasche enthält.

Blätterstock Tonblock, der aufgeschichtet oder geschlagen wird, um bequemer große, gleichdicke Platten schneiden zu können.

Brennhilfsmittel Einsetzplatten, -stützen, Dreifüße etc. die für den Einbau der Ware in den Ofen als Hilfsmittel dienen, aus Cordierit oder SiC.

Cordierit Feuerfestmaterial aus dem Ofeneinbauplatten und Ofeneinbaustützen und andere Brennhilfsmittel bestehen. Einsatzbereich ca. bis 1240 °C.

Engobe Dünnflüssiger, glasurartiger Tonbrei, der auf den ungeschrühten Gefäßkörper aufgetragen wird. Engobiert wird oft die ganze Oberfläche einer Keramik, um eine schönere Tonfarbe zu erzielen. Traditionelle Dekortechniken mit Engoben sind Polieren, Sgraffito, Engobemalerei.

Einsatztemperatur Temperatur, bei der Glasur, Ton, Brennhilfsmittel usw. einsetzbar sind.

Fetter Ton Plastischer Ton, »langer« Ton.

Färbende Stoffe In der Keramik sind dies färbende Metalloxyde, die als reine Stoffe oder als Bestandteil der Glasurrohstoffe farbgebend wirken. In der Hauptsache sind es: Eisen-, Mangan-, Kupfer-, Cobalt-, Chrom- und Nickelverbindungen.

Glattbrand Hochbrand der Ware, praktisch immer ein Brand, bei dem Glasuren aufgeschmolzen werden oder bei dem dicht gebrannt wird.

Inglasurmalerei Maldekor in die noch ungebrannte Glasur, z. B. in der Fayence-, und Majolikamalerei.

Kegel Segerkegel, Ortonkegel, sind Temperaturanzeigekegel, die in dem Brand denselben Hitzeeinwirkungen ausgesetzt werden wie die Ware; sie reagieren auf die Höhe der Temperatur sowie auf die Dauer der Einwirkung.

Klebemittel »Klebt« die Glasuren, d. h. läßt sie besser auf dem Scherben haften und vermindert die Gefahr des Abgreifens.

Krakelee Glasurrisse entstehen, wenn die Ausdehnungskoeffizienten von Glasur und Scherben unterschiedlich sind.

Kristallglasuren Leichtflüssige Glasuren, die aufgrund ihrer chemischen Zusammensetzung und eines speziellen Abkühlvorganges Kristalle bilden.

Magerer Ton Unplastischer Ton, »kurzer« Ton.

Malfarbe Manganbraune Farbe, die zum Bezeichnen der Probeplättchen etc. benutzt wird, sie wird eingebrannt und ist dauerhaft.

Mauken Lagern des feuchten Tones in feuchter Atmosphäre, z. B. Keller, dient der Homogenisierung und der Erhöhung der Plastizität.

Metalloxyde Siehe »färbende Stoffe in der Keramik«

Oxydationsbrand Brandführung bei ausreichender Sauerstoffzufuhr und vollständiger Verbrennung.

Plattenengobe Engobe, die zum Schutz der Ofeneinbauplatten aufgetragen wird, wird auch als Trennmittel bezeichnet.

Reduktionsbrand Brandführung bei Mangel an Sauerstoff.

Schamotte Magerungsmittel für Tone, besteht aus kleingemahlenem, gebranntem Ton, welcher der Masse beigemengt wird; Schamotte ist in verschiedenen Mahlfeinheiten erhältlich.

Scherben Ton gebrannt und nicht mehr in Wasser auflösbar, also zumindest geschrüht.

Schlicker Mit Wasser zu einer weichen Paste gerührter Ton. Verwendet für Maldekore, zum Anmontieren von Henkeln usw. und als Gießschlicker zum Gießen von Gefäßen in Gipsformen.

Schrühbrand Vorbrand der Ware bei 800 bis 900 °C, Scherben bleibt porös.

Schwebemittel Siehe »Stellmittel«

Segerkegel Siehe »Kegel«.

Setzton Ton, der mit Sand vermengt wird und im Brand nicht versintert. Dient als Hilfe zum Austarieren krummer Einbauplatten, zum Setzen von Stücken ohne Fuß odr zum Abstützen. Kann nach dem Brand zerkrümelt werden.

Siliziumkarbid SiC, Karborundum, feuerfestes Material, aus dem Brennhilfsmittel bestehen, benutzbar bis ca. 1500 °C.

Sgraffito Ritzdekor durch eine Engobeschicht hindurch.

Stellmittel Verhindert das Absetzen der Glasuren.

Strangpresse Tonaufbereitungsmaschine, funktioniert wie ein großer Fleischwolf, zerkleinert, mischt und preßt den Ton.

Schwindung Trockenschwindung oder Brennschwindung, bezeichnet das Schwinden des Tones beim Trocknen oder Brennen. Gesamtschwindung des Tones: vom arbeitsfeuchten Material bis zum glattgebrannten Stück.

Tempern Halten einer bestimmten Temperatur z. B. beim Glasurbrand, um das Ausschmelzen der Glasuren zu begünstigen.

Tonhubel Tonblock, meist verwendet für Fertigtone, die in 10 kg-Portionen verpackt sind.

Unterglasurmalerei Maldekor auf den geschrühten oder ungeschrühten Ton, meist transparent bis milchig überglasiert.

WAK Wärmeausdehnungskoeffizient, auch Ausdehnungskoeffizient genannt. Faktor, der die Ausdehnung und das Zusammenziehen von Ton und Glasur bezeichnet.

Wintern Ton im Freien dem Frost aussetzen, verbessert die plastischen Eigenschaften.

Wittern Ton der Witterung aussetzen, siehe »wintern«.

Wulsttechnik Auch Wursttechnik. Bezeichnet wird damit das Aufbauen von Gefäßen aus mehr oder weniger runden Tonwülsten.

Zuschlagstoffe Unter diesem Begriff faßt man Materialien zusammen, die dem Ton zugesetzt werden, um bestimmte Masseeigenschaften zu erhalten. Meist sind dies Schamotte, Quarzsand, Sintermehl etc.

Literaturverzeichnis

Wolf E. Matthes, Keramische Glasuren, Rudolf Müller, Köln 1985
Gustav Weiß, Keramiklexikon, Ullsteinverlag, Berlin 1984
Bernard Leach, Das Töpferbuch, Hörnemann Verlag, Bonn 1971
Kenneth Clark, Handbuch der keramischen Techniken, DuMont Verlag, Köln 1985
Bernd Pfannkuche, Handbuch der keramischen Glasuren, DuMont Verlag, Köln 1984
Angelika Hofmann, Ton – Finden – Formen – Brennen, DuMont Verlag, Köln 1982
Hildegard Storr-Britz, Keramik dekorieren, Otto Maier Verlag, Ravensburg 1982
G. und A. Stokar, Töpfern mein Hobby, Humbold Taschenbuchverlag, München 1980

Bezugsquellennachweis

Firma Bischitzky & Co KG
Kolpingring 22
8024 Oberhaching

EPAM Hobby-Geräte GmbH & Co KG
Schillingstr. 27
4600 Dortmund

Carl Jäger KG
Postfach 1246
5410 Höhr-Grenzhausen

Jens-Uwe Knoll
Aarstr. 160
6204 Taunusstein-Hahn

WEMA GmbH
Fritz-Weidner-Str. 2
8500 Nürnberg-Eilbach 61

Heinz Welte GmbH & Co
Postfach 3222
5030 Hürth-Hermülheim

Firma Wolbring GmbH
Rudolf-Diesel-Straße, Gewerbegebiet
5410 Höhr-Grenzhausen

Fuchs'sche Tongruben
Postfach 347
5412 Ransbach-Baumbach 1